打開天窗 敢說亮話

MASTERMIND

天窗出版

**擁抱次貸**

**金融科技**

**化解中國危局**

Chasing Subprime Credit:
How China's Fintech Sector Is Thriving

張化橋 著

黎木白 譯

# 目錄

# 聲明

為撰寫本書，作者參考了相關企業文檔、媒體報導，並做了大量的深度訪談。如出現任何錯漏，請接受我的道歉。

本書並不旨在提供任何投資建議，對於因閱讀本書所造成的任何損失，作者不承擔任何法律責任。

在此說明我的相關利益，於下列書中提及的公司，我任職董事：

1. 信而富（NYSE: XRF）
2. 中國匯融（1290.HK）
3. 山東金融資產交易中心（未上市）
4. 中國支付通（8325.HK）
5. 復星國際（656.HK）

# 張化橋其他著作

《投資分析師的叛逆宣言》，天窗出版社，2010年
《避開股市的地雷》，天窗出版社，2012年
《影子銀行危局——中國的金融海嘯？》，天窗出版社，2013年
《誰偷走了我們的財富？》，天窗出版社，2014年

本書英文版及中文版所有版稅，
將全部捐予母校中國湖北省荊門市馬良中學的貧困學生。
天圖資本、領渢資本亦為這所中學慷慨捐款，
作者深情感謝！

# 引言
## 金融科技　幫助解決次貸危局

　　2017年夏，我重讀《貝爾斯登的興衰》(*The Rise and Fall of Bear Stearns*)，作者阿蘭‧格林伯格 (Alan C. Greenberg) 是這間投行的前任董事長和首席執行官。我所以對這本書仍有興趣，原因有兩點。

　　第一，書中記述了「長期的盲目樂觀」如何誤導一個異常成功的公司，甚至包括整個美國商界。作者所寫的是當年他執掌的貝爾斯登，卻也很可能是今天中國的真實寫照。

　　中國房地產開發商一路高歌、野心勃勃，他們似乎不可能出錯，那些房地產投資者當然也不可能出錯。但顯而易見，我們混淆了運氣和能力。

　　美國次貸危機搞垮了貝爾斯登及大量的金融企業。然而，中國的信貸總量，尤其是次級貸款，仍然在持續大增！甚麼時候趨勢會突然逆轉？我的智力不足以預測。我甚至並不看淡。我也在這一行投資，是業內多家公司的董事。儘管非常小心謹慎，我還是能看到信貸業的發展潛力。你可以說我是個神經緊張的參與者，但我拒絕讓金融科技、人工智能和機器學習等花哨詞彙，進一步干擾我本就不太可靠的判斷。

　　格林伯格記錄了他執掌貝爾斯登時對所謂「PSD」們的推崇。PSD指的是這樣一類人，他們「貧窮、聰明、特別想發

財」。幸運的是，中國的次貸領域，乃至中國的每一寸土地，都有大量的PSD。

在這本篇幅不長的書裡，我向金融科技和次貸領域的各色PSD們致敬。

次貸不是貶義詞，而是中性詞。相對較低的信用評級不應成為借貸的障礙。在本書中，我會談論在快速增長的次貸市場中，我們如何共同努力化解問題。金融科技不應該是有錢人的玩具，如果它不能幫助我們可靠、精準並且低成本地達至相應的次貸人群，它的存在就沒大意義了。

大量非銀行金融機構在次貸領域的共同努力，客觀上幫助商業銀行避免了資本損耗。他們的「英勇犧牲」，幫助中國避過了銀行業危機。

中國對金融機構的各項監管規定，毫無條理、錯漏百出，特別是金融科技領域的監管措施，常常被評為太過薄弱和低效。但事實上，線上借貸業（以及整個次貸領域）的混亂並不會波及銀行業，恰恰相反，這讓銀行業更加安全和更加賺錢。

# 01

「詐騙犯
　　才是最大的贏家！」

# 「詐騙犯才是最大的贏家！」

誰不熱愛參加輕鬆愉快的大會？把煩人的工作拋諸腦後，去到陽光燦爛的度假勝地，住在舒適體面的酒店裡，享用精緻可口的美食。有甚麼理由不熱愛呢？

對我們這些被邀作主講的，演講的內容根本無關緊要，因為聽眾們都忙著低頭上網、玩手機，有的甚至在打瞌睡。

對我們來說，出席會議真正要點是增加公司的曝光率和點擊率，亦為了響應政府號召，要社會經濟發展從製造業驅動轉向服務業驅動！

我個人對這些會議卻坐立不安。無論在中國還是其他地方，會議主辦方常常會邀請影視明星或其他領域的名人來主持小組討論。當這些名人照本宣讀與會者所取得的成就時，那短短的幾十秒對我來說就像幾十分鐘一樣難熬，我感到自己甚麼也不想說了。

我2016年的新年誓言就是再也不參加這樣的會議。沒想到後來還是被說服了，要給《證券市場週刊》2016年初在上海舉辦的金融科技投資會議作演說。作為小組會議的發言人，我對聽眾提了個問題：十年來金融監管放鬆的最大受益人是誰？

有人舉起手，遲疑地答道：「私募投資者！」

另一個坐在後排的大聲回答：「那些管控金融牌照的腐敗

官員！」

在我等待的過程中，還有人呐呐地說：「是那些軟件工程師吧，他們工資高了不少。」

「都不是。是騙子！」我幾乎是喊出答案。

這回請的主持人是政府官員陳鮑比，他明顯很焦慮，臉一下子紅了。他先掃了我一眼，然後看看觀眾，最後又看著我，不知所措，無言以對。台下有將近100位監管系統的官員、業內高管和投資者，人群中響起了一陣低聲的議論。我發現很多人低頭盯著自己的筆記本或是假裝有事掏出手機，避免和我作眼神接觸。

我從來都不是一個出色的演講者，所以在家排練了這段小插曲，也對此做好了準備。於是，我停下來等待大家的反應，然後繼續往下說。

「我不過是開個小玩笑。但請大家注意，十年前政府放寬小額貸款限制以來，大約有一萬家企業獲得了營業執照，然後大張旗鼓地營業。在座各位都知道他們的雄心壯志最後得到了甚麼回報。全國人大代表和央行前副行長吳曉靈表示，這些企業中約有三分之一破產或停業，三分之一掙扎求生，只有最後剩下的三分之一還在正常營業。我認為她的評估有些樂觀了。」

說到這裡，聽眾至少開始關注我的演講內容了，儘管他們對我的直言不諱感到有些不適應。

「我所講的是基於我個人的慘痛教訓。我投資了三家這樣的公司，其中一家還親自跑到廣州管理了一年多，就是萬穗小額貸款公司，直到現在，我還是這家公司的董事。但是，我在整個過程中遭受了損失，歷經了艱難，也承受了焦慮的折磨。就我觀察，即使是那些還在正常運作的小額貸款公司，也承受

了巨大的資本損耗。是的，他們還在苦苦經營，但僅此而已。因為這些公司都是私營企業，一般都沒有財務審計。出於信譽考慮以及政治原因，他們只把帳目上報給當地的監管機構，也就是政府金融辦。上報過程中，他們瞞報了大多數的壞賬，也就是說，只上報儘可能少的壞賬。你們或許會認為這聽起來很奇怪。」講開了頭，我往下就說的更自信了。

「小額貸款企業之所以只展示他們業務好的一面，出於三點現實的考慮。首先，控股股東需要安撫大量的小股東。其次，為了安撫債權人，不少小額貸款公司以 ABS（asset-backed securities 資產擔保證券）的形式從銀行或資本市場借了錢。最後，即使大股東或管理層想要確認這些壞賬，當地的稅務部門也不會允許他們這樣做，因為擔心減少稅收收入。這些資本都哪兒去了呢？詐騙犯和違約者那兒。」

「作為企業方，我們正在輸掉這場遊戲。」我用這個結論結束了發言。

聽眾沉默了。會後有的人走過來對我表示絕對的贊同，但我能看到他們承認這一點時臉上的痛苦。顯而易見，我所說的都是聽眾早就知道的，但沒有人會在公開談論這個人盡皆知的小秘密。我清楚自己的言論政治不正確，但總得有人站出來戳穿皇帝的新衣。

而且，有好多內容我還沒講呢！

這一萬多家小額貸款企業的總資產高達 3 到 4 萬億。2008 年至 2011 年間，小額貸款企業如雨後春筍一般大量湧現。我個人就在離開瑞士投資銀行後被捲入了這一行，2011 年跑到廣州管理萬穗小額貸款公司，一年後尷尬引退。

小額貸款業的主要客戶是消費者和中小型企業（SME）。

但是，短短幾年間，詐騙犯和違約者就殘酷地讓整個行業元氣大傷。

## 信貸擔保業：擔保失敗

同一時期，信貸擔保業也經歷了繁榮和蕭條的冰火兩重天。這一行的運營者數量龐大、遍布全國，其中有國有企業或民營企業，還有混合所有制企業。他們對借貸的中小企業收取平均2-3%的利率，卻承擔了貸款拖欠的全部風險。一旦借款方違約，擔保公司就需要代借款方償還債務。

在經濟上行時期，2-3%的擔保費就像是憑空飛來的橫財。但是，一旦經濟增速放緩，借貸違約的狀況增加，全國的擔保公司立即遭受重創。直到這時候，人們才開始質疑這種商業模式以及擔保費率是否合理。

中國融資擔保業協會是監管擔保公司的半官方機構。資料顯示，協會現有194個會員機構，而這幾年數量在逐漸減少。許多擔保公司根本不願加入協會，還有許多擔保公司因為各種原因不夠資格申請加入。

本質上，這些擔保公司和美國盛行的信貸違約掉期（CDS，credit default swaps）是一樣的，他們在次貸危機中佔據主導地位。但是，中國這些擔保公司有一個缺點：他們無法輕易轉賣或轉嫁風險，因為針對這類金融產品的二級市場並不存在。或許有人會說，二級市場的缺失恰恰是該行業的一個優點，因為這逼著交易發起人必須小心謹慎，讓違約率降到最低，否則他們就要承擔所有的苦果。

不管怎樣，2012年中國經濟增速放緩時，擔保業很快瀕臨

癱瘓。直到今天，只有少數擔保公司仍在運作，但它們首要任務是處理那些先前、長期的擔保合約，清算他們收回的抵押品（散落各處、似是疑非的股權、土地或房產）。我最近在深圳拜訪了一家在國際擔保業內「有頭有面」的公司。公司的董事長，同時也是公司創始人對我說，他的任務是為自己和股東挽回儘可能多的價值。該公司幾年前在新加坡發行了2億美元未評級債券，如今變得一文不值，人們都指責和質疑他為甚麼把資金投放到中國中部旅遊景點的房地產項目上。

廣州也有一家類似的公司，曾經為引入著名私募投資者而引以為豪，如今卻整天奔波，在打好幾個官司，期望從欺詐企業追回貸款。公司負責人將失敗歸咎於迅速擴張和謀求上市的野心，責怪自己太愚蠢，沒能及時發現該商業模式的先天缺陷。雪上加霜的是，他執掌的小額貸款公司也毀了。

他反思時承認，自己的兩家公司其實都在次貸領域內運作，而政府官員和業內人士時不時會送上浮華閃亮的名頭。最常見的標籤包括「普惠」，象徵著「全民金融」、「信貸平等」和「金融民主化」。在西方國家，政客們樂於談論中小企業融資創造就業機會的優點，卻對次級貸款的本質和高詐騙違約的比例避而不談。八十年代末，我在澳洲讀研究生的時候，就看到當地報紙天天談論中小型企業信貸這話題，後來我發現這實在是個全球問題。責怪銀行不作為，太容易了。可是銀行行長也是一肚子苦水：不是不作為而是無法作為。每次雄心勃勃的努力，都以一堆壞賬結束。我的話可能難聽：中小企業就是一個次貸領域，銀行終於發現他們根本沒有能力對付這樣的風險。中外都是如此。

美國人對買樓自住的癡迷，導致房利美和房地美兩大聯邦

住房金融機構的成立和飛速發展；與之相對應的是，中國政府在過去幾十年用盡全力通過信用擔保促進中小企業的繁榮；成千上萬的國有、私有以及混合所有制擔保公司應運而生。

正如房利美和房地美一樣，中國的擔保公司的資本是很單薄的，大家的錯覺似乎是第三方擔保公司的存在，就足以支援中小企業的商業信貸。中國「信用違約互換」市場的定價錯誤是嚴重的和長期性的，只收取2-3%的擔保費，擔保公司卻要承擔客戶貸款拖欠的全部風險。

這對公眾來說利益攸關，因為它揭示了中國信貸泡沫為甚麼長期存在這一怪象的關鍵所在。雖然中國信貸市場確實太過巨大，但與一些分析師所作的末日判斷不同，信貸泡沫一直沒有破滅，這是因為大量的非銀行金融機構為銀行業扮演了先驅敢死隊的角色。

過去五年，中國經濟增速放緩，小額貸款行業遭受重創，信託公司也受到很大衝擊，這卻有助商業銀行逃過了一劫。

一位對此表示感激的商業銀行行長最近對我這樣評論道，信用違約互換、過渡貸款和理財產品就是銀行的排污管。半開玩笑地，他把信用違約互換的發行人稱為「無私的英雄」。

## 小額貸款或中小企業貸款

2012年1月，中國小額貸款行業協會在北京的大會上授予我「小額信貸年度人物」的稱號，我做了一個簡短的演講。其他的發言人都把這個行業描述成「美好的」和「宏偉的」，仿佛我們在做非常神聖的工作，而我卻不合時宜地強調盈利能力才

是行業存亡的關鍵。我主張，為了保證盈利能力，小額貸款行業必須根據違約風險和欺詐風險對貸款利率進行定價。否則的話，我們就是在自欺欺人，這是我始終堅持的觀點。

事後來看，儘管當時的年利率24%看起來挺高了，但對這些貸款而言仍然定價過低。由於違約率較高，一些小額貸款公司大幅提高了貸款利率（和手續費），儘管官方的上限仍然是24%。但是，更大的挑戰隨之而來：借款方的風險評級也相應變得更糟，抵消了更高的利率和費用帶來的收益。出於無奈，一些小額貸款公司只好停業。

## P2P：輕微罪行？

人們都說，點對點（P2P，peer-to-peer）信貸業是欺詐和違約的重災區。隨著美國的LendingClub（美國最大網路借貸平台）和英國的Wonga（英國網路小額貸款平台Wonga.com）火到中國，成千上萬的互聯網公司進入了金融信貸領域。大家都看到這商機的誘人之處：巨大的未開發的借款潛力、官僚且懶惰的銀行，以及不受限於財務槓杆和地理位置的好處。換句話說，下場玩這個遊戲看起來就像開一家沒有總行或分行的銀行。把李四的錢借給張三，賺取中間手續費，再沒有所謂的銀行橫在中間，聽起來確實很酷。

P2P借貸的優點顯而易見，只是它的缺點卻被大家低估或無視。這行業一切都是嶄新的，每個人都熱情高漲，結果卻是大量的欺詐和違約。

2011年至2012年間，宜人貸（宜信集團旗下線上金融服務平台）和信而富（CRF）是線上貸款領域的兩個先驅，如今他

們都在紐約證交所上市了。但是，當時他們都是有實體運營店的，不太適應只靠線上運算的借貸服務。畢竟，大多數中國消費者都沒有信貸記錄，不像美國有統一管理的個人信貸資料，如 FICO 或 Equifax（美國知名徵信公司）。中國央行的徵信局裡，只有那些在受監管的金融機構（如銀行）借貸客戶的部分資訊。這對宜人貸和信而富來說遠遠不夠。因此，折中的辦法是同時開展線上和線下的服務。舉例來說，截至2016年底，信而富有3119名員工和2080名臨時工，其中三分之二在資料審核中心工作，以確保貸款申請人提交的資訊是真確的。對一個年收入只有5,600萬美元的小公司來說，開銷太大了，難怪公司要賠錢了（運營成本和壞賬的影響）。而宜人貸仍有盈利，部分因為規模比較大，部分因為母公司宜信集團承擔了一些開銷。

隨著成千上萬的模仿者以及具創新精神的公司紛紛加入，這行業的競爭變得異常激烈。信貸資訊有限，加上這些線上借貸平台有數以百萬計的人是第一次借貸，每筆貸款額都比較小，因此追索違約貸款的成本非常之高，更不用說追索欺詐貸款了。騙子看到了大發橫財的機會，當然不會放下屠刀。

2013年至2015年，主要由於欺詐行為和經營不當，這行業遭受了毀滅性的打擊，結果導致每年幾百家借貸平台主動停業。許多借巨資創業的企業家破產了，有的帶著公司縮水的資金逃跑了，令 P2P 金融業臭名昭著。


## 智能手機和金融科技來相救

就在 P2P 金融業看起來無可救藥的時候，2015年的三項重要進展挽救了它：

1. 公眾對P2P行業的接受度提升，就像是到了拐點。

2. 智能手機的普及率飆升。

3. 數據分析技術的發展，已經形成了生態系統。

許多觀察家認為金融科技（包括P2P）將把傳統銀行業整個吞掉。我走訪了一些銀行來檢驗這種觀點。這些銀行雖然普遍感到焦慮，但對現狀比較滿意。

對不發達地區的小銀行來說，金融科技和線上借貸平台是個重大好消息：他們現在有了配置存款的新管道，不再把全部剩餘資金放到銀行同業拆息市場低價貸出，而是與線上借貸平台合作，比如我來貸、飛貸和信而富。於是，線上借貸平台通過「助貸服務」分一杯羹。這樣一來，年淨利率高達10%，而銀行同業拆息市場上的淨利率只有三分之一或更少。如果是和杭州51信用卡在消費金融上合作，潛力就更大了。許多銀行已經與微眾銀行（WeBank，騰訊控股擁有30%股權）達成了合作，不良貸款率低至0.3%，而銀行信用卡的逾期貸款利率一般為3%。

由於信用卡滲透率繼續提升的速度較慢，對大多數銀行（尤其是小銀行）、信託機構和信用合作社來說，吸引消費者成本最低的方式或許就是與線上借貸平台合作，這有可能也是唯一的路徑。

# 02

次級融資
中美對比

# 次級融資 中美對比

　　2008年美國次貸危機，相關的文章和書籍很多，但作者大多數是美國人，在我看來，他們往往沉溺於相互指責、談論技術細節、分享金融犯罪故事，以及定義各種專業術語。

　　可是，美國為甚麼會爆發次貸危機呢？如要概括這些著述，我發現他們似乎把問題歸咎於以下某個或某些原因：

1. 銀行家、交易員和房利美公司高管的獎金太過豐厚；
2. 監管不力，借貸標準過於寬鬆；
3. 發放按揭貸款機構、貸款方或券商的犯罪行為；
4. 信用評級機構（如穆迪 Moody's 和標普 S&P）的貪婪；
5. 政客、房利美、房地美和對沖基金；
6. 銀行「大得不能倒」；
7. 美國人對買樓自住的癡迷；
8. 對普通人來說，那些金融縮略詞太複雜了，根本讀不懂；
9. 銀行資本金不足和表外槓杆；
10. 金融衍生產品規模龐大；
11. 美聯儲糟透的貨幣政策，包括利率下調過低。

　　我相信，以上原因準確地解釋了次貸危機的某個方面。但在閱讀大量有關次貸危機的文獻之後，我得出了這樣的結論：這場危機的起源，背後還有著比上述各項重要得多的原因，而

且，這場危機不可避免。

我認為：如果所有的按揭債務都是安全和良好的，再大規模的金融衍生產品也不會導致危機的發生。因此，次貸危機的唯一原因是按揭貸款的壞賬實在太多了。一層又一層疊加的金融衍生產品，不過是引發信任危機的藥引，令火災愈燒愈旺。

但是，為甚麼銀行和非銀行金融機構要把錢借給那麼多還不起錢的借款人呢？你或許會說，這些銀行和機構太愚蠢了罷，選擇承擔這麼大的風險，銀行家都是不稱職的飯桶。我知道，某些銀行家肯定不稱職，但借款人的數量實在太巨大了，那些不稱職或騙錢的銀行家也似乎太多了，一定還有別的原因驅使他們這麼做。其實，根本原因就是沒有足夠的優質借款人來維持銀行的持續增長。由於找不到那麼多優質的借款人，這些銀行和非銀行金融機構被迫降低標準，向下尋找較差的借款人，以實現增長目標和資金配置。

如果只是在優質和不良的借款人中選擇，幾乎所有的銀行都會選擇那個優質的。借貸不是造火箭那樣複雜的科學，放貸標準簡單得一目了然。你一定會問，為甚麼銀行家不在找不到優質借款人時停止放貸呢？是不是他們太貪婪了？

事實上，追逐利潤是資本的天性，不管你喜不喜歡。如果你接受資本主義，你就得接受這一點。銀行家們當然不是在某一天突然下調或忘記了自己的放貸標準，這是一個漸進的過程，長達數十年。市場競爭是永恆的，如果一個聰明的銀行家決定放棄擴張，另一個銀行家就會迅速奪走前者的市場份額。

馬克思早在一百多年前就警告過我們。資本主義會導致產能過剩，產能過剩會導致經濟危機，就像 2008 年金融海嘯一樣。經濟危機就像衰老和死亡一樣，根本無處可避。當然，我

們能夠找些辦法來延緩衰老、延長壽命，但效果有限，終究難逃一死。

那麼，20世紀80年代或90年代的美國，為甚麼沒有爆發次貸危機？那個時候的銀行家同樣貪婪，借款人同樣有違約或騙錢的，監管也好不到哪兒去，而且銀行高管的獎金也非常豐厚（相對那時的經濟水準而言）。

我的答案是，在80年代和90年代，美國有大量的優質借款人供銀行挑選，因此，銀行根本不屑於放貸給不良借款人。但是，隨著這些優質借款人不斷被挖掘，新的增長點就只能到不良借款人那兒尋了。這並不奇怪，銀行被迫逐步說服自己放寬借貸標準。當然，市場競爭也發揮了作用。

這都是人性，無論當時政府監管機構水準高低和市場參與者道德操守如何。

所以，我的觀點是這場次貸危機不可避免。它一定會發生，儘管發生的具體時間、形式、後續影響和導火線或許會有所不同。每次爆發危機，人們就大談教訓和如何避免下一次危機，我認為這些人都搞錯了。在我看來，這樣的危機會再次發生，以消除行業過剩的產能，讓整個體系得以淨化。但我認為這次危機沒能達到目的，整個體系沒能得以淨化。西方國家的金融體系沒有得到淨化，因為2008年以來信貸過剩的問題沒有得到解決，反而還在加劇。雖然這次危機會改變市場參與者的行為，但這種自我約束只能維持一段時期。漸漸地，大家又會放下防備、放鬆警惕，然後，另一場危機悄然孕育，周而復始，循環不止。

# 中國的次級融資

中國人喜歡拿自己的市場和美國對比，部分因為兩者規模相近，部分因為許多中國人把美國當作學習榜樣。

在美國，次貸借款人（消費貸款、房貸或車貸）這一群體主要是低收入人群，還有一小部分確實是詐騙犯。長期來看（大概接下來的幾十年），中國的次貸市場走向也會如此，但是目前還大為不同。中國仍然有相當多的優質消費者或優良借款人還沒有被銀行開發，儘管這群人的數目常常被線上借貸業的鼓吹者過分誇大。

以上結論基於下面的事實：

1. 中國的信用卡市場和按揭貸款市場歷史很短，因此普及率較低；

2. 中國社會階層仍處於流動狀態，還沒有固化，因此，有相當大比例的人群還在迅速提高收入水平；

3. 過去十年，甚至只是過去幾年，中國人的消費習慣逐漸由「量入為出」變為接受提前消費。換句話說，中國消費者才剛習慣以按揭貸款來「先使未來錢」。

從個人經歷中，我能看到這種消費文化的轉變。1979年，我從湖北省一個偏遠農村去到武漢讀大學，那時中國剛剛結束十年文革。我家很窮，而我的同學大部分都來自城市，同樣也很窮。我們多靠每月11元的獎學金生活（個別非常貧困的學生能拿到13元），僅夠非常簡單的食物開銷，根本沒有閒錢買甚麼奢侈品。當時主流的價值觀是艱苦樸素，這樣的生活才屬正常而且是「光榮的」。我不記得自己有過一絲的自卑或痛苦。事實上，對我們大多數人來說，那四年是人生中最快樂的時光之一。

人人都窮得叮噹響的時候，提倡艱苦樸素是比較容易的。但是，當你發現身邊有人物質條件好得多的時候，這就比較困難了。可以這樣說，按揭貸款和消費信貸就是以收入不平等為基礎的。低收入人群為了提高當下的消費水準，選擇減少未來的消費。

今天的中國，人與人消費水準的不平等要比美國顯著得多，也無情得多。這正是為甚麼中國人正以空前迅猛的步伐把自己變成借款人。與此同時，那些稍稍有點閒錢的人，即使只是很短的一段時間，都在想辦法讓錢生錢。

我不想評論這種趨勢是好是壞，但這是不爭的事實。信貸資訊浩如煙海，能夠吞沒任何人。智慧手機和App讓放貸和借款變得如此便捷容易，甚至讓人上癮。我必須承認，我一直在通過手機放貸，儘管我從來沒有在P2P市場上借過錢。如果我的銀行帳戶有一筆3萬元左右或更少的閒錢，我會把這筆錢轉到某個管道，比如理財產品或線上借貸平台，以創造收益。我不能接受帳戶上有錢閒著。

我告訴自己：我工作這麼辛苦，怎麼可以讓辛苦賺來的錢閒著呢？哪怕在睡覺的時候，我也要錢為我工作。

西方國家認為這非比尋常：中國正在轉型成為一個信貸大國。我常常聽到人們閒談中討論哪個P2P平台賺得多，以及其他的賺錢妙法。最近我在倫敦住了三年，從來沒在搭地鐵時聽到類似的閒聊。

信貸民主化看上去很美好，自由主義者一定在為此歡呼。但在中國，大量新手一下子涉足信貸市場，你可以想像隨之而來的混亂：規則、欺詐、抱怨，以及一浪接一浪的恐慌。這就是次級融資的新面孔，我們吃飯時談論它，工作時想到它，甚

至晚上睡覺也夢到它。

## 甚麼是次貸？

定義次貸可通過三種方法：資金來源、交易結果和交易品質。

次貸是貸款品質的問題，存疑主要在於借款人還錢的主觀意願和客觀能力。但在今天的中國，我們同樣可以用資金來源定義次貸，通過它來評價信貸的品質。

為甚麼呢？因為中國的銀行都是溫室中的花朵，由國家用納稅人的錢細心呵護，從來不會搞髒自己的手。何必呢？國有經濟佔主導地位，而且地位不斷強化（不是削弱）。銀行隨隨便便就能把十個億貸給國有企業，哪用費力氣去找一千個借一千元的小客戶呢？而且，把錢借給國有企業要安全得多，儘管這有些違背常識和自相矛盾。要知道，稅務局和印鈔機是國有企業還款的堅實後盾。

金融市場越開放越自由，銀行就越沒有衝出溫室的動力。我分析發現，非銀行金融機構的繁榮，讓銀行變得更安全、更賺錢，因為非銀行金融機構（NBFIs）開拓了次級貸款空間，有意或無意之間，扮演了給銀行排污堵漏的水管工角色。他們的英勇犧牲和資金耗損，令銀行的國有企業貸款和優質按揭貸款更加安全。銀行的信用卡業務恰恰也是消費信用領域的精華所在。人們或許會說銀行也有大量的壞賬，確實如此，但銀行的壞賬率遠低得多，處理壞賬的能力和空間也更大。相比小額貸款平台或P2P公司，拖欠貸款不還的人群更害怕銀行。為甚麼？因為大大小小的分行記錄都會匯總到中國人民銀行徵信中

心，而大多數非銀行金融機構則不會。

遼寧省政府曾經要求（或者說是命令）輝山乳業的債權人不得把輝山乳業上報中國人民銀行徵信中心，可見借款人有多害怕公權力的介入。即使一個公司已經名存實亡，它仍害怕登上央行徵信中心的黑名單！甚至連當地政府也懼怕這份黑名單！事實上，很多政府在協調企業債務重組時都有這樣的要求。

因此，為簡單起見，我把次級貸款直接定義為所有非銀行金融機構發放的貸款，一般利率高得多，而且總體來說信貸品質差得多。出於方便或其它技術原因，這定義會產生大量的例外情況，但我想大多數的讀者都會認同中國的銀行對非銀行金融機構的絕對優勢。有人會抗議我的粗暴定義，但是為了討論的簡單化我只能這樣做。

表2.1列給出次級貸款的相對比例資料。採用我的定義，2017年8月，中國金融資產（即總計31萬億人民幣）約有15%為次級貸款。表中資料只涵蓋了正規P2P公司的資料，不包括那些不走常規管道的公司間貸款和個人之間貸款。

值得注意的是，中國大多數租賃公司的資產是銀行控股的，他們和銀行貸款一樣品質較好。

表2.1　2017年8月，中國金融資產統計（單位：十億人民幣）

| 總資產 | |
|---|---|
| 儲蓄機構（大部分為銀行） | 188,799 |
| 68家信託公司 | 23,000 |
| 小額貸款公司 | 2,500 |
| 擔保公司 | 3,000-4,000 |
| P2P和線上借貸平台 | 1,200 |
| 租賃、保理（大部分為銀行控制） | 3,000 |

資料來源：中國人民銀行《中國大報告》，部分為作者估計

# 次貸市場的利率為何如此高？

世界各國的次貸市場利率都高，但中國還是有自己特色的：連續四十年貨幣供應高速增長，利率卻始終居高不下。

中國人民銀行時不時會製造一些政治正確的雜音：通過下調利率來刺激經濟發展（幫助中小企業和消費者），但最後只是幫助了政府（減輕財政負擔）、國有企業、特權階層，以及優質消費者。次貸市場的利率並沒有隨之下調。對於次貸市場的放貸人來說（比如我個人和我的親友），當基準利率（資金的機會成本）下調時，風險溢價的上升通常會抵消基準利率下調的結果，所以，次貸利率保持原先的高位。況且，地方政府是次貸市場的主要借款人，他們違背上級政府的債務限額，設計各種花樣借款，比如PPP，他們不在乎利率成本，他們關心的是面子工程和政績。這樣一來，地方政府就會在次貸市場上大借特借，迫使私營企業接受更高的利率。

2014年底央行下調利率，故意刺激股票市場。那場註定失敗的舉措果然失敗了。股市一飛沖天，但六個月內泡沫就驚人地破滅了。如今，即使為了刺激經濟和消費，央行和那些鼓吹利率下調的人（比如股市中人）都不好意思再談論利率下調的話題了。

# 03

## P2P
## 恐怖故事

# P2P恐怖故事

　　2017年9月中旬的一個上午，秋陽照在香港維多利亞港上，波光粼粼。海港東岸聳立著著名的四季酒店，這裡曾經是大陸富豪來港偏愛的落腳地，大家都愛在這熱門地點結識名人和出出風頭。然而，過去幾年這裡發生了許多事，把這間酒店變成了備受關注的焦點。一些企業家逐漸避開這裡，轉向不太引人注目的地方，比如港麗或港島香格里拉酒店。

　　而這一天，我和克里斯坐在四季酒店的大堂喝咖啡。他是中國一家中等規模P2P公司即將卸任的首席運營官，為了參加耶魯校友聚會，當天早些時候飛到了香港。

　　克里斯看起來很焦慮，因為他的老闆泰倫斯剛剛「遺憾地」接受了他的辭職申請。克里斯想「花更多的時間陪伴家人」，但同時感到自己有義務作為顧問再工作一段時間，至少六個月，完成工作交接並幫助公司渡過資金周轉的困難時期。

　　「事實上，這不僅僅是資金周轉的困難，簡直就是個巨大的黑洞。投資人大量的錢都賠了。」克里斯說：「我們，不，我指的是公司，必須找到還錢的辦法，至少要補償投資者，這可涉及到成千上萬的散戶投資者啊，我感到糟糕極了。我不知道前任是怎麼把公司拖進這樣一個黑洞的。」

　　六年多以前，我離開瑞銀集團，去管理廣州的一家傳統小

額貸款公司，這一舉動吸引了業內許多關注。泰倫斯帶著他當時的老闆（一個房地產巨頭）拜訪了我，他們當時的小額貸款公司隸屬於廣東省某房地產商，規模要比我的公司大得多，如今也已經倒閉了。

從那時起，我和泰倫斯一直保持聯繫。四年前，他創立了一家名叫「黑馬」的P2P公司，規模較大，與之不相匹配的是不太專業的資訊科技基礎設施。其實，他的公司更像是沒有執照的小額貸款巨頭，外加理財產品運營，真是奇怪的一鍋大雜燴。更糟的是，大概因為缺乏集中管理的資訊科技系統，該公司就像是個聯合國，眾多成員國各懷鬼胎。公司架構還有一個問題，就是各部門效率低下和成本過高。在一團亂麻中，很難做到風險控制和專業資訊共用，因為不同部門很容易佔山為王、各自為政。

黑馬公司在全國80多個城市設有分公司，員工總數多達一萬人。國內當年出現數以千計如此龐雜的P2P企業，蔚為大觀。他們都有著花哨的名字：這樣那樣的財富管理公司，那樣這樣的快捷借貸平台，以及某某金融服務公司。有時我會把它們看成為錢莊，只是外面沒有自動提款機，內裡沒有資訊科技系統。我在這行業投資的三家公司，有兩家就有點點這種感覺。老實說，中國以智能手機普及率全球排名靠前為傲，發生這現象有點奇怪。

大約兩周前，泰倫斯請我幫忙，為了「幫助公司增強資金」，需要尋找一些大投資者。他說：「鑒於你的投行背景，你在這行一定有些朋友。」我告訴他，我並沒有提供金融服務顧問工作的執照，雖然我或許可以作一些有益的引介。

因此，我和克里斯會面也是為了更好地瞭解黑馬公司。聽

説克里斯剛入職九個月就要離開，我很吃驚。但誰能責怪他呢？

「我看到公司有個黑洞，這可是十億元量級的大洞。幾乎一半的未償貸款是逾期的壞賬，不是我的錯，是前任留給我的。」

克里斯向我介紹了公司2016年的成本結構：

1. 平均年利率為39%，包括各種費用和逾期貸款的罰金。對於那些逾期兩年之久，高達50萬元欠款（有的甚至數額更大）的個案，「進一步提高利率會演變為商業自殺行為」；

2. 扣除付給線上投資者（主要是投資額較小的散戶）的直接利率：年化利率為11%。還需要考慮資金調度造成的延時，因為公司的資訊科技系統和資金匹配存在問題；

3. 扣除零售端11-14%的費用支出，線上管道費用會略低一點，但是線上融資只佔一小部分，而且線上資金的使用期限通常都比較短，也就是說「我們必須運轉得非常高效才行」；

4. 扣除6-8%的市場行銷費用和企業日常開支；

5. 扣除8%的壞賬撥備，相異於宜人貸和信而富等有獨立而充足的風險儲備金，黑馬根本沒有風險儲備金。所以，黑馬在賬目上作了8%的壞賬撥備。

因此，黑馬的基本虧損是2-3%。如果這樣下去，公司就難以為繼了。「但問題的關鍵是壞賬。如果像2016年那樣，貸款損失一下增加到30-40%，而不是我們預想的8%，公司立馬破產。」克里斯悲哀地說。

這是現實情況：自 2016 年以來，黑馬一直在拿新入夥投資者的錢，償還先前投資者的錢。「這不是龐氏騙局嗎？」我問克里斯。

他掃視四周，然後低下頭，將身子沉入沙發，仿佛在躲避突襲。「我不知道你怎麼看待這回事。但事實就是如此，我敢打賭黑馬不是唯一一家這麼做的公司。如果你是我又或是我的前任，你會怎麼做？我恨我的前任，但同時也同情他。」

我突然聽到背後有些奇怪的嘈雜聲。或許是酒店外的車輛聲，又或許是我太震驚了，以至於出現了幻聽。無論如何，我都對克里斯所說的毫無心理準備。

我跑到衛生間，用冷水洗了把臉，然後回去繼續和克里斯交談。我清楚記得 2015 年就明令禁止 P2P 公司進行資金池操作，換句話說，必須是明確的點對點借貸。除少數情況外，絕大多數 P2P 公司並沒有放貸執照，他們只能作為個體貸款人和借款人的中介，雖然一對一不是必須的，但貸款和借款必須是直接匹配的，比如一對多，或者多對一。

針對借款人，還有一些其他的限制（儘管對出借人沒有）。舉例來說，任何時候，一個借款人在借貸平台上一次借款不得超過 20 萬，而一個借款企業不得超過一百萬。這些規定通常並沒有貫徹執行，監管部門似乎默許這個行業有一個不知長短的緩衝期去遵守規則。此外，由於 P2P 公司資訊不共用，你如何防止借款人同時跑到成百個 P2P 公司借錢呢？據說杭州同盾的資料庫記錄了所有貸款人對於借款人信用查詢，但這也僅限於那些參與資料共用的金融機構。可幸的是，類似同盾和百融這樣的資料庫正在迅速擴大客戶資料，覆蓋面也越來越廣及有意義了。

克里斯對於在困難時期選擇當逃兵感到有些難過，但他向我保證公司最近已經從花旗銀行和平安銀行挖來了五個得力幹將。「他們都是我非常喜歡的專業人士，經驗豐富。很快他們就能穩住大局了。但是我太累了，扛不動了。」

　　過去幾年，這家公司為了迅速壯大規模，推廣了類活期存款。現在這些違規的資金來源已經停止，如何歸還投資者的幾十億元錢卻是個大問題。國內不少P2P公司以及財富管理公司都有類似的存款業務，風險不小。

# 04

資料無處不在，
哪才有用？

# 資料無處不在，哪才有用？

　　9月一個陽光燦爛的早晨，我前往「排列科技」(eCreditPal)的杭州辦事處。排列科技是一家剛成立16個月的初創企業，從事信貸風險分析和風控軟件。由於業務擴張和二輪融資，他們正忙著搬到一個更大的辦公地點，位於杭州余杭區的「新經濟」園區。這個園區的建築全是新建的，每棟不超過10層，鳥鳴入耳，綠草如茵，荷花相映。真是潛心分析資料和默思細想的好地方啊！

　　向我推介排列科技的是好友夏明，他是江西省小額貸款行業協會的主席。排列科技的聯合創始人夏真和陳薇分別是電子工程和電腦科學的留美博士。陳薇在LendingClub（美國最大網路借貸平台）的反欺詐部門工作數年；而夏真曾任IBM沃森科學家，也在雅虎工作過。當他們決定要回國創業時，立即得到了矽谷某基金的資金支持，後來又很快得到了華創資本的二輪投資。

　　夏真是夏明的表親，而夏明是我的「戰友」，因為我們倆都在小額貸款行業苦苦戰鬥過，如今這行已在垂死邊緣了。我們有時會彼此取笑，因為都對中國特有國情和監管專制的無知。正式告別傳統貸款業務時，我們還一起吃了頓盛宴，慶祝彼此的決定，互吐苦水，慨歎對次貸行業了解得太遲。

夏明和我一起參加了這次與排列科技的會面，我們從公司的商業模式開始談起。排列科技對所有的貸款申請人進行等級評定，然後根據不同的評級給出利率定價建議。這跟園區裡緊挨著他們的同盾公司不一樣，同盾收集有欺詐前科的借款人資訊，然後對使用此資訊服務的企業收費。排列科技目前共有30個客戶（這個數位在不斷增加），其中包括物流業的中游公司，他們想給上游和下游的企業借錢，但不知道如何評估這些企業；還有的是不成熟的信貸公司，希望優化業務決策，降低違約率。此外，排列科技還能幫助客戶吸引借款人。國內其中一間最優秀的貸款公司，甚至請排列科技幫忙優化他們的App，以期改良用戶體驗。

　　本質上，排列科技的商業模式是一種基於資料和金融模型的風險分析和定價。

## 基於風險的定價是吹牛？

　　我對基於風險定價的噱頭表示懷疑：如果本金都沒了的話，對那些還款可能性較低的客戶收取較高的利率有甚麼用？基於個人經驗，我認為應該統一定價，貸款公司需要做的決定是：借或者不借。因此，我問陳薇：「向情況不妙的借款人收取高利息，難道不會讓他的狀況變得更糟，讓他更傾向於違約嗎？」

　　陳薇承認有這樣的可能，但隨即指出這只屬個別案例。在足夠大的樣本裡，基於風險的利率定價運作良好，因為那些正常履約的貸款產生的高收益，遠多於違約造成的損失。

　　我和夏明都曾經為追回違約債務而疲於奔命，對於國內短

期現金貸的迅速增長，態度謹慎、欲迎還拒。排列科技的兩位聯合創始人都承認非銀行金融行業（即次貸行業）增長過快，也許已經超過了實際的潛在需求。「或許還沒到令人擔憂的地步。但由於整個行業擴張太快，以至於出現了太多無知無畏的新手。」陳薇告誡道。

但何時才算過度擴張和令人擔憂呢？就好像其他行業的泡沫一樣，只有在泡沫破裂時，我們才知道泡沫曾經存在，正如美聯儲前主席格林斯潘在1996年創造了著名詞彙「非理性亢奮」一樣。

陳薇繼續說：「您也知道，根據中國當前人口基數估計，即時現金貸（美國叫做發薪日貸款）的總量約為5000萬。這預估有多可靠呢？我並不知道。現在，較樂觀的業內人士認為已增至7000萬了，好吧，就當是7000萬來算。那麼，真實需求的總量又有多大呢？3萬億，還是2萬億？我們已經做到的實際市場份額有多大呢？大家都不確定。或許有的新手已經接管了先前的短期貸款，讓那些舊債煥發新生了呢？我們都不知道。」

我突然想起了花旗銀行前CEO普林斯（Chuck Prince）在2008年聞名業界的退場。當時美國的金融衍生產品市場在按揭貸款的刺激下炙手可熱，當記者問到不斷聚集的風險時，普林斯說：「只要音樂不停，你就得接著跳舞。而我們仍正跳舞。」我指出，想要識別泡沫，尤其是準確預測泡沫破滅的時間點，是非常困難的。

夏真打斷道：「你說的很有道理。但還需要考慮另一件事情：供需是相互影響的。數以百萬計的人過去從沒想過要為當下的消費借貸，可現在他們都成了信貸市場的一員。所以，沒錯，大量真正的需求正在不斷產生。」

陳薇表示同意：「這就好像房地產一樣。你把房子蓋起來，買家自然會來。聽起來或許有些傻，但建造過程本身確實在創造收入，增加購買力和購買意願。對於想要預測市場趨勢的人來說，這或許是中國過去十多年最難解的謎團，太多的經濟學者和非業內人士一再警告，房地產泡沫即將破裂，但最後預言落空，惟有尷尬收場。因為他們只考慮當下的支付能力，卻沒看到支付能力會隨著施工建設而提高，也沒有看到房地產開發的溢出效應。」

資本市場也可以如此類推。美國對沖基金巨頭索羅斯（George Soros）曾經半開玩笑地說過，在資本市場，企業基本面決定股價，而股價持續一段時間也同樣能決定企業基本面。

誰能挑出索羅斯的邏輯上的毛病呢？但是，如果情況太離譜，就會造成災難性的後果。就拿商品「超級週期」理論來說，2004年到2007年這理論曾經非常流行，能源和商品價格一路漲到最高點。然而，隨著2012年到2017年商品市場不斷下跌，沒有人還會擁護這理論。

## 我的懷疑

夏真問我是否對線上貸款行業持消極態度。「不，完全不是。我只是被搞煩了、混淆了。每天都有線上或線下的信貸公司冷不防給我打電話推銷，這是不是供大於求，又或已到高峰的訊號呢？」

陳薇對此表示了樂觀，因為2014年以來市場利率呈現下行趨勢。「如果是虛假需求推動的信貸泡沫，應該會看到市場利率往上走，而不會向下。」

「有道理。」我承認。

但小心謹慎總是沒錯的。如果你不斷重複一個理論，最終你就會變成最忠實的擁護者，而市場已大步向前了。2011年，一家金融擔保公司的創始人去到香港、上海和新加坡路演，以期說服投資者相信他的商業模式。他還參加了不少會議，為公司融資招徠客戶。由於他的激情和雄辯，最後確實籌集了一些資金。但是，他說得越多，聽起來就越無懈可擊，他和公司高管也就更加深信不疑。他說服了自己，忽悠了自己。

漸漸地，他們最初的擔心和疑慮消失了。當各路騙子蜂擁而來，當大量違約債務逐漸出現，他們還在不斷地擴張。最終，他們手頭一分不剩，破產了。2017年9月，他以旁觀者參加了杭州的一次會議，公開剖白，認為一家公司的管理者應當保持超然的心態，就像證券分析師必須和研究的公司劃清界限，保持獨立一樣。

這時，夏明問：「過去幾年利率下調，是信貸市場發展得更健康了，還是單純因為央行認為經濟不好而放水？」沒有人回答，只有傻瓜才會做無把握的猜測。

## 垃圾進去，利潤出來！

對於貸款來說，哪一類資料最有用？一份多維的資料包括社交媒體、購物習慣、信貸歷史、收入情況和資產狀況等等。陳薇說：「我們有兩類資料來源，央行徵信中心，以及私用市場的信用報告。我們發現前者能夠提供借款人的全貌；而後者更有針對性，但是比較零散。當然，央行的資料是不夠充分的。比如它沒有覆蓋借款人在非銀行金融機構的活動。」

夏明提到，2013年央行允許一些小額貸款公司接入徵信中心資料庫，在使用央行資料的同時，也將公司的相關資料上傳給徵信中心。但這種優待在2016年結束了，或許央行的資訊科技系統無法應對迅速增加的資料量，又或許央行擔心低品質（甚至虛假）的資料淹沒或污染了有效的資料，因為上傳這些資料的大量半金融機構，並不受央行或銀監會監督。無論是否公平，這些機構是由當地金融辦許可和監督的，通常被視作二等企業公民，甚至惹麻煩的傢伙。據說某個線上貸款公司給徵信中心和同盾提交了一份「黑名單」，而名單上全是該公司的優質客戶，這樣做是為了「綁架」獨享這些好客戶。

陳薇是中國金融科技協會的技術專家。該協會是央行內部的半官方機構，2016年才成立，協會主席是已退休的央行前副行長李東榮。

陳薇提到，協會原計劃建設一個獨立的信用資料庫，專門管理非銀行金融機構的交易和上報資料，但是進度很慢。或許企業協會要比官方組織的努力更有效。但是，目前為止，沒有任何企業協會有足夠的政治或商業影響力，來領導這個資料庫的建設工作。

夏真指出沒有一個資料庫能做到足夠全面，因此使用者不能依賴任何一個資料庫。目前業內公認的有同盾和百融等公司的資料。這些公司在提供服務的同時也獲得了客戶資料，假以時日，他們將成為這行業的標杆，如果說他們目前還未成標杆的話。

談到五年計劃時，夏真笑說：「我希望客戶把排列科技視為可信度的標誌，就好像今天的同盾和百融一樣。」

# 線上借款人 總數多大呢？

　　很多線上借貸公司都吹嘘自己有幾百萬的註冊用戶，有的甚至說有幾千萬上億用戶。那麼，在這些註冊用戶中，有多少持續活躍，並從不同的公司借款呢？貸款公司是否清楚用戶在其他平台的金融行為呢？線上借貸市場的潛在空間到底有多大呢？

　　為了便於估算，我做出以下假設：

1. 去掉年齡在22歲以下和51歲以上的人群。51歲以上的人群雖然也在使用智慧手機，但不常使用線上購物和網路遊戲功能。對於22歲以下的人群，教育部明確反對學生進行線上借貸，大部分的網路借貸公司也是遵守的。因此，我們去掉22歲以下的人群，但是加上大約3000萬不念大學的高中畢業生；

2. 某些觀察家建議我們將月入8000元及以上的人群排除在外。但我通過三家線上借貸公司的調研發現，許多線上借款人的月入高達2萬元甚至6萬元。儘管收入越高，越不大可能線上借錢，但確實有一部分高收入人士會借錢消費，或為了做生意，又或是某些家庭突發狀況。這類人群通常都有信用卡，但預支現金的限制很多，所以他們會時不時利用線上借貸平台。許多年輕的專業人士儘管收入已經很高了，但因為積累的資產較少，也會常常為了各種原因而借貸。因為收入和年齡成正比，我們假設22歲到36歲的年齡組和37歲到51歲的年齡組分別有一半和四分之一是潛在客戶；

3. 對於農村居民，我假設網上貸款的比例只有城市人口的

20%，因為智能手機的普及率略低，來自同齡人的消費攀比壓力也較低；

4. 有人認為大多數線上借款人都是城市新移民（過去二十年來到城市定居的人群）。儘管平均來看，新移民的收入比原居民要低，但該論點還是有爭議的，因為許多小康家庭出身的人同樣時不時（在父母的眼皮子底下）通過線上借錢，雖然他們並不像新移民那樣缺錢。當然，這群人有不少有時要靠父母償還貸款。

5. 雖然無法獲取全球資料，但飛貸公司（CredEx）的資料顯示，2017年該公司有500萬註冊用戶，其中77.86%為男性，而借款人中77.88%為男性。排列科技證實了整個行業的性別比例大約如此。我假設三分之二的年齡22-36歲的城市男性人群是潛在客戶，三分之一的年齡22-36歲城市女性人群是潛在客戶。我再假設年齡37-51歲城市男性人群三分之一是潛在客戶，女性的比例再減半。農村居民的潛在客戶比例再打二折。

表4.1　線上借貸市場 潛在客戶計算

| | 總人數 | 男性 | 女性 | 城市居民 | 農村居民 |
|---|---|---|---|---|---|
| 年齡22-36歲 | 328,315,484 | 166,750,441 | 161,565,043 | 183,856,671 | 144,458,813 |
| 年齡37-51歲 | 339,918,126 | 173,521,604 | 166,396,522 | 190,354,151 | 149,563,975 |
| 可達人數 | 161,440,953 | | | 139,516,873 | 21,924,080 |
| 可達高中畢業生 | 40,000,000 | | | | |
| 總可達人數 | 201,440,953 | | | | |

資料來源：國家統計局，作者的假設和計算

以上計算顯示，線上借貸市場可達人數大約為2億。但線上平台的實際借款人數目應該小得多，而持續活躍的借款人數目就更小了。

05

到處都是
爛蘋果

# 到處都是爛蘋果

中國的P2P行業名聲不好。在外行眼裡，P2P好比龐氏騙局披上了數位化的外衣。即使是經驗豐富的行內人，也很難對P2P有太多好感和信任。復星國際董事長郭廣昌就曾說過，P2P公司多半是一群「騙子」，但這並不影響復星國際對「量化派」（非P2P，而是線上借貸公司）進行兩輪投資。量化派有著扎實的技術背景，在業內很受尊重。

2012年以來，中國出現了幾千家P2P公司，因為這個行業門檻較低，而且能掙快錢。許多公司起步的時候資金短缺、人員培訓不足，而且缺乏職業道德操守。當然，面對P2P這個全新的行業，政府也沒有做好準備來應對消費者投訴、欺詐和糾紛。

## 2090家P2P公司

據《中國經濟週刊》統計，2016年8月到2017年8月，共有887家P2P公司停業，還有更多沒有監測到的個案。第三方資訊平台「貸之家」給出的報告顯示，截至2017年8月，全中國仍有2090家P2P公司。雖然P2P業務沒有地域上的限制，這個數字仍是太誇張了。由於監管措施的逐步強化，法務和運營成本會不斷增加，行業將呈現兩極分化，我們可以得出這樣的結

論：在某個階段，或許就在這幾年內，大量的P2P公司會關門大吉。

線上的借貸機構有三種類型：

1. 純粹的P2P中介，如蘇州錢袋；
2. 用機構資金放貸的線上平台，如趣店、飛貸（前身是中興微貸）和量化派；
3. 前兩者的結合體，但因監管規定限制，兩部分業務也許是由一家企業的不同法人運作。

紅嶺創投就是國內成立較早的金融服務平台，業務涵蓋借貸、保理、租賃、信託和基金管理。2014年以來，他們通過互聯網發放了數額巨大的貸款，而相應的盡職調查工作並不充分。結果，大量欺詐行為給公司造成了嚴重的損失。2017年年中，公司宣佈將於2020年關停線上借貸業務，會清理所有相關貸款和資產。

媒體在報導紅嶺創投此次失敗時，準確地將其歸咎於平均貸款規模過大。本質上，紅嶺創投是一家中小企業貸款公司，而不是消費者信貸公司，比如，紅嶺在2016年就向輝山乳業（6863.HK）放貸5000萬。而由於輝山乳業負債累累和財務造假，股票暴跌，隨後在2017年3月停牌。高管紛紛棄船逃跑，銀行債權人委員會開始清點輝山的資產，想盡辦法追回350億貸款。外資銀行則不受遼寧省政府的掣肘，直接把輝山告到了香港法院。

紅嶺並不是一個特例，欺詐犯罪的受害者還有很多。比如，易租寶和泛亞資本都在2015-2016年資金鏈斷裂前，把大量的資金借給了有問題的企業。這兩家公司就算沒有犯罪行為，也會因為他們糟糕的商業模式而倒閉。紅嶺表現得還算體

面，向廣大用戶承諾追回資金，並且兜底，而易租寶和泛亞則根本沒有機會這樣做（哪怕公司管理層有這份心意）。

這些案例一再證明線上借貸業務只適合小額貸款，尤其是在次級貸款領域。注意，我的定義是，非銀行金融機構的所有貸款都是次貸。

過去12個月大量P2P公司主動關閉的事實表明，不是所有商人都唯利是圖，大多數公司還是有基本的常識和商業道德的。一位監管部門的官員說，有些公司在監管規定還未生效時就主動遵守，這讓他備受鼓舞。（嚴格來說，直至2017年9月，大部分規定仍處於探討階段。）

的確，針對中國非銀行金融機構的監管規定並不完善，執行起來也是有選擇性地。然而，一旦真正落實，懲處可以非常嚴厲。公眾信任度對這個行業非常重要，在某些情況下，經濟調查部的一次訪查就足以搞垮一家公司。過去幾年，國家就出手關停了一些公司，如2017年8月勒令關停了非法集資的妙資金融。

對政府來說，最重要的任務是教育散戶和保障他們的權益。在我看來，經常性地披露公司倒閉、高管被拘以及經營者捲款逃跑的重大案件，對老百姓來說就是最好的教育。相反，政府頒發牌照被證明是個壞方法。大量的壞事都是持牌機構所為。

舉例來說，2016年頒布的公司資金必須全部存放於銀行監管帳戶的規定，就是保障散戶的重要舉措。公平地說，幾乎沒有投資者會傻得認為P2P借款、財富管理產品，可以如銀行存款一樣安全。

政府在鼓勵金融創新（以及競爭）和審慎監管兩者間需要保

持微妙的平衡，這和證券市場的監管類似。不管監管規定有多嚴格，總會出現欺詐，因為其中涉及的利益太大了。有些投資者受詐騙犯所害，更多人則在投機時，一而再再而三地受騙。但是，政府也不能過度管控，那會讓市場無法有效運作。

我認為，國內線上借貸是一個迅速變化的行業，中國當下的監管措施大大優於香港或西方成熟的體系。就拿香港來說，根本沒P2P借貸平台的立足之地。我有許多親友都在中國P2P平台上投資，到目前為止，還沒有人損失金錢。就算真的賠了錢，他們也會自認倒楣，繼續投資，就像投資股票那樣。

## 我個人的挫敗

2017年9月8日，P2P線上借貸平台上海「點理財」宣佈關閉業務。點理財是智城控股旗下的全資子公司；而智城是中國支付通的聯營實體，我還帶著中國支付通董事長的帽子，但我卻是通過媒體才知道這消息。

我感到難以置信，立即撥通了智城控股首席執行官吳筱明的電話。吳筱明確認了消息的真實性，因為公司遭遇了太多的違約和逾期貸款。資金風險集中、鬆懈的內部控制、中小企業貸款的固有問題，再加上一連串的噩運，搞砸了我們的P2P業務。點理財的管理人員有不少是外行人。吳筱明向我保證，智城作為點理財的母公司已經償還了所有散戶投資者，並且正在通過法律手段追討逾期貸款。事實上，訴訟案件多達14宗。我深知中國法院的工作工作量巨大，擔心這些追討工作會持續相當長的時間。

究竟哪裡出了問題？我開始回憶這次事件。2016年秋季，

點理財邀請我到杭州臨安區清涼峰鎮會見一些借款人。臨安地處杭州至黃山的黃金旅遊線上，風景秀麗，交通便利，我立刻就喜歡上了這個地方。

我們和王先生會談了一個上午，他經營山核桃種植場和加工廠，豐年的銷售額高達2000萬，淨利潤有500萬。但是，我認為他很難再繼續做大。由於他沒有自己的市場品牌，只能把山核桃加工包裝成小包，然後賣給線上銷售企業，比如三隻松鼠。

當天的午飯食材，有王先生自己飼養的魚和種植的有機蔬菜。我的同事們非常興奮，急切敦促我給這項貸款業務分配更多的資源。過去六年，我已經在信貸投資上吃過虧，所以並沒有表態，我提醒自己致命的錯誤往往始於無傷大雅甚至看上去很美的設定。

我在智城沒有擔任董事，也不是管理層的一員，儘管我是智城最大的股東支付通的董事長。因此，我只是把這次參觀當做一次學習機會。吳筱明告訴我，點理財給那個臨安種植山核桃的農民放了很多貸款。我為那次臨安之行感到抱歉。「在點理財的同事看來，我的參與是不是意味著認可甚至鼓勵呢？」我問自己。

當時與我們同行的，還有翼龍貸（聯想集團控股）的一位管理人員李先生。第二天，我們參觀了李先生的辦公室，寬敞明亮，比很多銀行分支還要豪華。李先生是黑龍江人，學歷不高，但有很多街頭智慧。他給我講述了二十多年前在黑龍江和浙江兩地長途運輸業務打拼的故事，他的出身、辛勞和堅持讓他撐了下來，最後選擇在浙江落腳。他說，是誠實守信的品質讓他擁有了現在的成就。

如果我沒有理解錯，翼龍貸在次級貸款業中有著獨特的商業模式：通過線上募集散戶資金，通過臨安的這樣的網店，投放到成千上萬的用戶。公司的獨特模式在於，這些草根辦事處都是分包商，而不是翼龍貸的分公司或子公司。在每一筆貸款交易中，這些草根辦事處既扮演一線戰士的角色，也同時是次順位的債權人。也就是說如果借款人面臨破產清算，清算資產首先要還翼龍貸的借款，然後才輪到分包商的部分。翼龍貸在北京的總部做所有的貸款決策。這種分工模式，特別是當地分包商承擔貸款劣後級的管理辦法，令我感到非常有吸引力。考慮到翼龍貸背後有聯想集團的支持以及上述巧妙的貸款架構，而且我不存在合規問題和利益衝突，一周以後我個人在翼龍貸做了投資。到目前為止，我還沒有賠過錢。

我也聽說過一些翼龍貸和旗下分包商的糾紛，但並不擔心。事實上，李先生也不是完全接受這種管理模式。他抱怨利率不合理、利潤分配不公平等。但他還是對翼龍貸的創始人王思聰讚不絕口。

大約一年後我才瞭解到，在點理財借給王先生等14位山核桃種植農民的貸款中，李先生的公司是擔保人，而且也借款給了這些農民。此外，點理財的貸款歸還必須要經過李先生的公司。現在這一切都在走法律流程。中國整個社會都正在經歷並學習利益衝突這個問題。許多公司高管以對手的身份跟自己供職的公司做交易，還跟有合作關係的第三方做生意。一些線上借貸公司高管對我說，內部員工和詐騙犯的勾結特別讓公司頭疼。

## 過橋貸款很危險？

那次杭州之行，我另外多留了一天去拜訪朋友陳杭生，中新力合的創始人。他的公司股東有信達資產管理公司和矽谷銀行這樣的著名機構。公司的商業模式很傳統：針對中小企業業的信貸、擔保、過橋融資和諮詢服務。我很佩服他的努力和幹勁。2011年在廣州萬穗小額貸款公司的那段最苦難的日子裡，我從他那裡獲得了很多有益的建議和鼓勵。

儘管我沒有過問中新力合的財務狀況，但據我個人推測，因為經濟很不景氣，只要是和中小企業打交道的公司，2012年以來都會經歷一段艱難時期。不管政府公布的GDP增速、用電量、鐵路運輸和陸路運輸量如何，大宗商品價格的崩盤是實實在在發生的，更不用說3000多家上市公司的淨利潤和現金流都在萎縮。公平地說，中小企業的損失要比新聞報導的嚴重得多，也比上市公司嚴重得多。

幾年前，中新力合和當地政府有關部門合作，通過子公司鑫合匯發放過橋貸款。鑫合匯專注於過橋貸款，在業內小有名氣。在我看來，過橋貸款是一項危險的生意。在中國現行的銀行業監管下，如果公司從銀行借一筆為期12個月的貸款，必須以現金償還，才能借下一筆。我很清楚這項規定背後的邏輯：防止銀行經理用一筆新的貸款掩飾逾期貸款或死賬。但是，這項規定對於公司來說確實挺嚴苛的，因為營運延遲和不可預測的銷售經常發生。

因此，每年都有大量的中小企業被短期貸款續期所困擾，有些地方政府就為此設立了專門的基金給中小企業提供過橋貸款，有時還會和私營企業合作。我知道政府能在其中發揮很重

要的作用，但仍然對私營企業參與過橋貸款表示懷疑。比如，每天收取0.03%的利息，手頭有數百單優質的過橋貸款。但只要有一單違約了，就會把幾百單賺來的錢全部虧光。當然，手頭肯定會有抵押品，但抵押品套現也比較難，更別提漫長的法律訴訟和高昂的法律費用了。

鑫合匯卻發展得很好，沒有一點壞賬，這真是個了不起的成就。幾個月前，我讓我任職獨立董事的中國匯融（1290. HK），派代表團去鑫合匯學習。他們回來後表示很受啟發，開始在蘇州複製鑫合匯的模式。蘇州市政府同樣對中小企業貸款續期的問題感到很頭疼，對於提供過橋貸款的私營企業有激勵政策。

到目前為止，匯融表現不錯。或許我錯了，疑心太重了，一朝被蛇咬十年怕井繩吧。

06

網貸市場的
平民百姓

# 網貸市場的平民百姓

## 雷曼兄弟迷你債券

21世紀初，由於香港和新加坡經濟陷入衰退，各大銀行都找不到賺錢的機會，貸存比下降，存款利率相應暴跌。於是，那些追求投資收益的散戶投資者開始搶購其他國家的金融產品。

在這樣的大環境下，美國投資銀行雷曼兄弟乘勢而起，推出了一系列與上市公司（包括雷曼兄弟自己、房利美和房地美）信用掛鉤的金融衍生產品。共有16家銀行成為雷曼的銷售代理，把這些產品賣給散戶投資者。雷曼的理財產品年利率為4-5%，比活期儲蓄高多了。事實上，許多發達國家早已禁止銀行把這些複雜的金融產品銷售給散戶投資者。遺憾的是，香港和新加坡市場監管較為寬鬆，仍允許這樣的銷售。

有人指出，這些所謂迷你債券的收益更像是保險費，而散戶投資者就是保險公司：向雷曼兄弟賣出了一張保單。如果這種邏輯是對的，我要補充一點：除了結構複雜的設計，迷你債券類似於中國的擔保公司向中小企業收取的2-3%的擔保費。在順境中，這些錢賺得很容易；而一旦遇到問題，中小企業還不起錢了，擔保公司就會損失慘重。

據估算，新加坡的散戶在這類迷你債券上的投資高達5億美元，而香港的散戶則為3億美元。由於雷曼兄弟是合約方，2008年次貸危機發生後，雷曼兄弟一倒閉，這些金融產品就變得一文不值了。隨後爆發了大量的抗議，大家指責監管部門沒有發揮作用，抱怨銀行誤導了沒有經驗的散戶投資者。[1]

　　經過長達五年的民間抗議和各部門推諉之後，兩地監管部門終於敦促這16家銀行償還散戶投資者60-90%的投資本金，比例高低取決於這些金融產品的不同分級。

　　我一直很擔心這場迷你債券風波在中國大陸重演，一旦重演，波及的人群規模將更大。如今市場上，每天都有成千上萬的複雜金融產品在買賣，而且包裝得更誘人，風險更隱蔽。銀監會、央行和證監會還是老一套，例行公事地敦促有關金融機構對所出售的金融產品進行精簡或淨化。但是，上有政策，下有對策，這些野心勃勃的銀行、信託公司和融資公司總能找到途徑暗中推出新產品，更別提還有大量花樣繁多，但不受監管的金融機構的產品。

　　幸運的是，每週都有一群怨聲載道的散戶在某處抗議，向那些理財公司、基金公司、信託公司、大宗商品交易商或房地產商等追討他們辛辛苦苦掙來的錢。易租寶和泛亞資本就是最近發生的兩個典型案例。還有大量規模較小的案例被當地政府悄無聲息地處理了，他們害怕被媒體披露。處理過程通常包括：捉捕犯罪分子，清算剩餘資產，而資金損失往往會由國有企業承擔。

---

1　http://www.scmp.com/business/article/1311841/five-years-later-what-has-mini-bond-scandal-taught-us. 對雷曼迷你債券事件最完整的記述，可參考《南華早報》湯姆．霍蘭德的報導。

## 擔保、含糊不清和顯而易見

中國有種獨特的現象：投資者要求所有網貸公司、P2P公司、信託公司和理財產品發行人（無論是銀行、證券公司，還是信託公司）保證資金安全，儘管監管部門不允許這樣做。舉例來說，P2P公司不過是投資者和借款人的中介，是不允許擔保投資者的本金和收益的。但是，如果P2P不提供切實的擔保，就根本做不了生意。

P2P公司的擔保通常是這樣操作的：要麼購買保險，要麼由第三方公司（通常是同一個股東旗下的公司，或者是代理商）擔保，要麼設立風險準備金（如宜人貸和信而富）。也有通過優先、劣後的分級結構，或者壞賬回購計劃來給投資者額外的信心和保障。

Peter是一個德高望重的醫生，對P2P行業的時事動態非常瞭解。2017年9月，我們在51信用卡五周年紀念大會上見面，他表示自己在五個P2P平台用許多帳戶投資了1300萬。五個P2P平台分別是宜人貸、信而富、開鑫、翼龍貸和飛貸。為甚麼是這五個呢？

「他們的收益在6-9%，比較令我滿意。我原本可以在更多的平台上投資，但為了簡單起見，挑選了這五個。我知道這類投資有風險，但很清楚他們不敢弄丟我的錢。前兩家是上市公司，不還錢的代價是他們無法承受的。另兩家則是國有企業附屬公司。飛貸曾經由中興通訊控股，是家自尊心很強的企業，搞丟我的錢會危及他們的經營，危及他們更大的利益。我知道自己投資的許多P2P債務已經變成壞賬了，但我何必擔心呢？我很確定，這些平台會找到辦法把我的錢悉數歸還的。」

他的心態在散戶投資者中很普遍。我個人以及不少親友也是基於類似的原因投資P2P的。我們是否都在等待更傻的傻瓜來接棒呢？

## 就監管而言，少即是多

不久前的一天，我和83歲的岳父吵了起來。他在一家鮮為人知的P2P平台投資了30萬元。到目前為止，他並沒有賠錢，但也不顧我一再建議，拒絕把錢撤出來。

我的岳父不是那種沒見過世面的老人。他曾經是中石化的高級工程師，二十年前才退休。退休後，他一直在投資股票和房地產，結果喜憂參半。

對外國人來說，2016年1月易租寶的龐氏騙局案令人震驚；但對廣大的中國民眾來說，這不過是熟悉的歷史重演。易租寶矇騙了大約九萬散戶，集資幾百億元，結果竟然是虛假投資。過去幾年，幾百家類似的公司破產，有的主動關門，有的被政府強制停業，大量散戶為此付出了慘痛的代價。政府和媒體都花了很大力氣披露那些不遵守職業道德的P2P公司的騙人伎倆。

## 股市上損失更大

換句話說，P2P領域的大量散戶在投資的時候都是睜著眼睛的。這很像中國民眾在股市上的表現，被股市虐了千百回，仍待股市如初戀。說實話，散戶在股市上賠錢的次數要遠遠多於P2P市場。過去二十多年間，中國股民為欺詐所苦已經不是甚麼秘密了。然而，沒有任何一項規定能夠避免下次股瘋或股災。

那麼，對於當下混亂的P2P行業來說，加強監管是解決問題的答案嗎？許多人認為確實如此，但這反應只是想當然，很可能考慮不周，甚至有害。

　　在中國，監管和官僚主義通常是硬幣的兩面。如今，官僚作風要比20世紀80年代剛剛改革開放那陣子厲害多了，不僅損害經濟效率，而且破壞公平，因為小企業根本沒有能力打通監管官僚體系的彎彎繞繞。

　　2008年，中國正式設立了小額貸款行業，以期取代和擊退長達百年的赤腳貸款人和黑市高利貸。全國上萬家小貸公司得以成立。在複雜謹慎的監管規則面前，股東們很快又後悔不迭，因為遵守監管的成本實在太高了。小額貸款行業的監管包括股權結構、資產負債比、貸款規模和利率的上限，以及每月提交報告等。

　　確實，繁瑣的小額貸款行業監管措施刺激了未經監管的P2P行業迅速發展。由於監管制度套利，11000家原本活躍的小額貸款公司中，相當大部分由於客戶流失到P2P行業而關門了，當然也有很多是轉型了。

　　中國股市的監管部門不僅審查每一次上市掛牌和融資，而且還控制上市時間和新股定價。雖然本意也許是好的，但這些繁文縟節不僅放大了股市的暴漲和暴跌，犧牲了效率，而且滋生內幕交易和腐敗。


## 市場自主調節

　　就如其他行業一樣，監管之上又監管，最終會壓得大家喘不過氣來。為了避免重蹈覆轍，我們有必要把監管看作必要之

惡，儘可能減少，讓市場有足夠的空間自主調節。

在中國 P2P 領域，幾乎每週都能看到經營不當或騙子公司倒閉的新聞，這是一種極好的行業淨化機制。易租寶事件，無論對廣大民眾還是業內人士來說，都極具教育意義。醜聞不時得以披露，能夠避免問題堆積成可怕的火山。

因為這行的遊戲規則從一開始就一目了然，因此，很少有賠錢的 P2P 公司投資者把問題歸咎於政府。易租寶是一個值得注意的特例，因為不少投資者抱怨主流媒體和政府官員對在易租寶出問題之前的認可支持，甚或背書。

總的來說，P2P 借貸行業給低收入消費者和小企業解了燃眉之急，另一方面，還有助存款人達成了資產配置，得到了其他管道賺不到的較高收益。P2P 行業還給銀行施壓，讓他們不得不改進自己的業務和服務，慢慢地，這將產生重大的影響。

可以想像，如果 P2P 行業監管過於嚴苛，將會導致許多運營者重操黑市高利貸的老本行。以全球標準來衡量，中國出人意料地在電子商務、P2P 借貸和理財產品等行業幾乎沒有太多監管。這並非壞事，而是好事。

當一個行業剛剛誕生、而且發展很快的時候，沒有人知道它會如何變化。因此，明智的做法是讓它自由地生長發展。一旦立法監管，既得利益團體就會迅速形成，阻礙行業創新。這個時候，即使每個人都看到了監管制度的荒唐有害，也會變得難以修正。

本章最後部分的內容是基於我寫給《日經亞洲評論》(2016 年 3 月 10 日) 的一篇報導修改而成的。

# 行業兩龍頭：
# 51信用卡和飛貸

# 行業兩龍頭：51信用卡和飛貸

　　2016年年中，我作為支付通的董事長，找到孫海濤洽談合作可能，他是51信用卡(51 Credit)的創始人和首席執行官。

　　孫海濤讀過我2013年出版的《影子銀行危局》，表示很喜歡。當時我是海通國際證券的顧問，沒多久又做了現金股票部主席。所以孫海濤請海通國際證券的朋友王自豪介紹我們認識，互相加了微信。

　　我是2016年6月去杭州拜訪他的，51信用卡辦公樓的時尚風格給我留下了深刻的印象。他的兩位資深同事趙軻和楊宇智也參加了會談，還有一隻名叫悟空的小長毛狗在我們腳邊跑來跑去，興奮地叫著。當時，他的公司估值已經超過十億美元，擁有包括京東金融、天圖資本、新湖中寶、銀泰百貨董事長沈國軍等舉足輕重的股東。

　　由於某些技術問題，我們最終沒能合作，但孫海濤和他們團隊處理問題的方式給我留下了良好的印象。通過一些盡職調查，我也更好地瞭解了他們的商業模式。在我們支付通這邊完成對51信用卡盡職調查後，某個週六早晨，孫海濤、趙軻和楊宇智三人開著特斯拉電動車從杭州趕來上海，用一整天的時間對我們進行盡職調查。第二天，他們就拿出了合作框架，以及有關我們公司的詳盡報告。他們所指出的優點和缺點很到位，

我和高管同事們不得不表示贊同。通過連續幾天的集中協商，我能看到孫海濤和他的管理團隊對股東有多大的影響力，以及股東有多信任他們。

五年前，51信用卡僅僅是一家缺乏目標的創業公司。也就是説，當時他們並沒有明確的盈利模式。他們提供的服務是幫助顧客管理多張信用卡，以及分期還款事宜；這很受持有多張信用卡的顧客歡迎，但當時公司還沒有找到變現的好辦法。舉例來説，許多消費者（尤其是年輕人）手頭有好幾張信用卡，消費全靠刷卡，於是51信用卡就收集每張卡的賒帳條件和分期還款日程表，定期給用戶發送還款提醒通知。

幾年摸爬滾打之後，51信用卡終於找到了一個成功的商業模式：為手頭的大量客戶和長期負債者找錢，幫他們提前消費以及償還信用卡債務。這在美國屬於信用卡整合或者債務整合貸款業務。

找到新的業務模式之後，公司很快大獲成功。51信用卡多年積累的7000-8000萬（這個數字還在增加）註冊用戶就是一個天然封閉的生態系統：即便是最缺錢的用戶，有時候也有閒錢，而這些閒錢就能夠生錢。漸漸地，51信用卡發展為開放的體系，也會對外借貸以滿足不斷增長的需求。此外，他們還直接或間接（如通過宜人貸這樣的P2P公司）地把用戶的錢放貸給外面的借款人。

51信用卡的App頁面上有合作銀行的商標。通過收取一定的費用，51信用卡可以推薦合格申請人申請這些銀行的信用卡。對銀行來説，這種吸引客戶的途徑成本很低。就拿2017年9月來説，51信用卡與30多家銀行合作貸款，我估計這部分貸款額約佔公司平台貸款總額的三分之一。51信用卡在這類貸款中承擔次級部分，這種操作方法叫做「助貸」或「聯合貸款」。

我曾跟51信用卡的金融產品部總經理蔣燕青談過，這部門是在貸款決策前期、批核過程及批核後負責信用評級的。51信用卡公司共有1300名員工，蔣燕青手下的員工就超過了400名。他向我介紹了下列三種產品：

1. 51人品貸的目標客戶是持有信用卡的消費者，單筆貸款額從3000元到10萬不等。這類貸款的單筆額度對於不太安全的線上信用卡市場來說過於龐大了，因此，公司的某些貸款決策除了標準的系統審核流程，還會引入人工核查。這類貸款的還款期限通常為3、6、12、18或24個月，而實際平均還款週期約為14個月；

2. 51錢包提供的是短期（不到一個月）小額貸款，單筆貸款額從1000到1500元不等。任何一個人都可以在這個平台上借錢或投資。但公司遵守國家關於禁止學生借貸的規定，該產品是不對學生開放的。除此之外，該產品和美國的「發薪日貸款」很類似；

3. 51給你花介於上述兩者之間，還款期12個月左右，單筆貸款額2000元到1萬不等。目標客戶是沒有信用卡的人群。

　　51信用卡表示，公司壞賬率為3-5%（未經審計的數字）。但是，這個較低的壞賬率受到了競爭對手的質疑，儘管對方承認了51信用卡在挖掘客戶方面的優勢。拿到整個行業來看，3-5%的壞賬率確實相當低，或許這是因為51信用卡在幫助消費者管理信用卡的業務深耕多年、資料豐富。除了淘寶和京東金融，絕大多數公司都不具備客戶的歷史交易記錄，貸款決策的基礎就無從談起了。而那些社交媒體平台，如微博和領英等，雖然用戶數量龐大，但這些用戶不會在社交平台上進行商業交易（比如買東西）。因此，對絕大多數貸款公司來說，就算拿到了使用

者的各種線上資料，還是難以判斷該用戶是否具備還款能力。

然而，華夏信財的創始人和首席執行官李彬（線上借貸行業的領軍人物，曾經在宜人貸工作過）認為，使用者交易資料在貸款決策過程中的重要性被高估了。他的觀點是，一個借款人的信譽度取決於償還貸款的主觀意願有多強烈，而要搞清楚這一點，只能先把錢借給他。信而富顯然是贊成這種觀點的，儘管信而富也花錢購買和分析大量的使用者資料，包括社交媒體和商業交易平台的資料。但是，信而富在此基礎上制定了「先借小錢，再借大錢」的商業策略：對那些沒有可查信貸歷史的客戶，最優策略是先借給他們金額較小、期限較短的貸款，逐漸積累用戶信貸歷史，然後給信用好的客戶發放金額更大、期限更長的貸款。

51信用卡的另一個優勢是：當借款人打開手機查看分期還款帳單或還貸日程的時候，51信用卡就在那兒，在你正好需要的時候出現在你的眼前。畢竟，51信用卡正是那個按時提醒借款人甚麼時候該給甚麼銀行還多少錢的貼心管家。

這種優勢非常重要，因為P2P公司和銀行實在太多了，消費者根本記不過來。不管這些公司和銀行投放多少廣告，比如公車站和火車站的大型展板，消費者還是記不住，因為看到這些廣告的時候，並不是消費者打算借錢的時候。這也是為甚麼線上金融公司獲取新客戶的成本如此之高。據估計，業內獲取一個客戶平均要花費100到200元。信而富在招股書中披露，2016年公司在吸納客戶方面的成本約為115元／人，比2015年稍微有所下降。如果吸納進來的新客戶不能成為回頭客，就意味著公司在這個客戶上賠了錢。

近些年，智能手機的普及，令共享交通如優步起飛，也促

進了51信用卡和其他金融科技公司（如宜人貸和信而富）的發展。宜人貸和信而富分別於2015年12月和2017年4月在紐約證交所上市。

全世界的次級貸款行業都不好經營，無論是P2P還是傳統的非銀行擔保借貸。銀行業擁有國家作為堅實後盾，基本上無論銀行的財務狀況如何，都被民眾視為穩若磐石的金融機構。銀行的存款源源不絕，而且存款利率很低，也就意味著銀行對借款人收取的利率也能做到很低，當然就能獲取優質客戶。那些找到P2P或非銀行機構的借款人，要麼是情況確實非常緊急，要麼就是被銀行拒絕了。這對非銀行金融機構來説是信貸風險的根源所在。

在中國，以信用卡提取現金很多限制，通常只能用來消費。

當信用卡無法用於消費的時候，通常要麼是超過信用卡透支額度了，要麼是這項消費無法用信用卡買單。甚麼時候不能用信用卡買單呢？那些還沒有接入信用卡系統的地方，比如小飯館或賭博網點。2015年，中國股市一度瘋漲，大量的股票投機者從P2P公司借錢炒股。有的P2P公司甚至主動推波助瀾。在股市大幅暴跌的情況下，很多投機者的帳戶被強制清倉，損失慘重。

對中國人來説，信用卡也是相對較新的事物。據統計，截至2016年底，全國共有4.65億張信用卡在流通，但只有38%處於使用狀態，剩餘62%是銀行強推給客戶但是「未轉化」的。而信用卡未償貸款規模僅為9.14萬億元，只佔銀行業總資產的5.7%。

大多數中國消費者從沒想過要辦一張信用卡。2011年到2012年，我在廣州管理萬穗小額貸款公司，曾被告知無法申請信用卡，因為我在大陸沒有固定住所和穩定收入，更不用説納稅記錄和社保卡了。

在「無信用卡」人群中，有大量的優質借款人。對他們來說，不是討厭信用卡，而是從沒覺得有必要辦一張信用卡。如今，他們確實不再需要信用卡了，因為他們的需求早已被趣店、螞蟻金服、51信用卡和微眾銀行等線上借貸公司滿足了。

## 避開壞傢伙

P2P公司和銀行一樣，都要面對兩大風險：詐騙犯和確實還不起錢的借款人。兩種情況的結果是一樣的：錢回不來了。某些業內資深人士表示，這是線上借貸行業最大的成本。

中國的線上借貸行業在2011年至2013年起步，缺乏信貸記錄和資料分析技術的支撐。業內的一位開拓者告訴我，大多數運營商都在「閉著眼睛開槍」，內心默默祈禱自己的商業模式能夠奏效。有位行業大佬甚至認為「直到今天（2017年9月）仍然有大量過度自信的運營商堅持認為，閉著眼睛開槍的結果和資料分析的結果沒甚麼兩樣」。他們常說：「資料不過是一堆垃圾。」但是，大部分線上借貸公司高管不贊同這類論調。趣店公開向美國證券交易委員會呈報的公開檔就是一個實實在在的反駁。（趣店2017年10月在美國紐交所上市。）

短短四五年間，P2P從業者就變得老練起來了。百融和同盾等資料服務商的工作，是對央行徵信中心資料的有效補充。支付一定的服務費用，網貸公司就能接入這些資料服務商的資料庫，查看特定借款人的信貸記錄和信用分析結果。

51信用卡的所有交易都是通過智能手機完成的，因為中國移動和中國聯通等電信服務商已經實行了實名登記制度。想要申請信用卡，只需在手機上下載網貸公司的App。而只要授權

51信用卡核實有關資訊，比如銀行帳單、淘寶購買記錄和電信繳費記錄等，就能在30分鐘內完成一筆借貸；即使是51人品貸的大額貸款，用時也不會超過一天。

51信用卡設有專門負責收債的部門。但是，如果逾期超過30天，51信用卡就會把催債業務外包出去，因為收回的可能性已經大大降低了。

和其他流量巨大的網站一樣，51信用卡也把客戶的資金導向其他借貸平台，如捷信和我來貸，每筆貸款收取2%的費用。此外，51信用卡也扮演銀行信用卡部門的中介角色。

51信用卡的貸款，我估計約有三分之一是所謂的聯合貸款，也就是上文提到的與30多家銀行的聯合貸款。而在信用卡推廣方面，51信用卡與20多家銀行建立了合作關係（大部分是中等規模的銀行；截至2017年9月，五大銀行中只有工商銀行和51信用卡建立了這類合作關係）。如果51信用卡推薦的客戶最終成功申領信用卡，銀行將支付51信用卡相應的服務費。

這塊業務類似於20世紀90年代和21世紀初大量的線下推廣代理（在零售商店或街頭派發傳單）。為了防範詐騙，央行在2009年下令禁止這類推銷推廣業務，一下子將所有的線下推廣代理連根拔起。這其實有些過了。

## 不斷創新的飛貸

2016年，發薪日貸款突然流行起來，造就了某些業內傳奇。這是幻覺，還是純屬泡沫？

我不知道。但是，飛貸創始人和CEO唐俠告誡道，借貸公司賺快錢和核心競爭力不是一回事。無論在哪種情況下，唐俠

都對高利率的短期貸款不太動心，甚至把它們比作毒藥。他對我說，這些發薪日貸款涉及監管、職業道德和可持續性等諸多問題。信而富 CEO 王徵宇也持有類似看法，他們倆都認為 36% 的年化利率上限規定是合情合理的。事實上，飛貸和信而富都抵制住了掙快錢的誘惑，他們的貸款利率要比規定低得多。這兩家公司的客戶都包括消費者和中小企業，他們都特別強調客戶的全生命週期價值，或許可以把這叫做「長期的貪婪」？

唐俠早年在中國建設銀行和平安保險工作過。大約在十年前，他參與管理中安信業，一家備受推崇的傳統小額貸款公司。中安信業主要協助銀行進行小額放貸。那些年，整個行業的操作都比較簡單。

2012 年，唐俠拿到中興集團的天使投資，創辦了中興微貸。2015 年，中興微貸更名為飛貸。最初，公司的商業模式是比較傳統的，拿著小額貸款營業執照，在大城市設立分支機構以獲取客戶和完成盡職調查。不到兩年，他發現在這種模式下，一億註冊資金加上留存利潤，公司走不了多遠。此外，大量的分支機構和 3000 多員工加起來，日常開銷太大了。因為行業門檻實在太低，競爭者越來越多，唐俠決定自己想辦法建造護城河。

2015 年，他關掉了所有的分支機構，只在深圳總部留下 300 名員工，把移動數位化的任務扛在肩上。新的商業模式強調以下三點：

1. 速度：他堅持認為，公司必須運用豐富經驗和大量資料，在幾分鐘甚至幾秒鐘內做出貸款決策；
2. 用戶體驗：一旦貸款額度和還款期限確定，客戶在償還貸款和再次借款等方面享有充分的自由度；

3. 精準：飛貸積累的經驗和資料比大多數競爭對手豐富，同時還擁有大量的外部資料支撐。因此，飛貸可以保障公司以及合作銀行的資金安全。

儘管如此，唐俠對自己的公司還是不滿意。他的下一個目標是，進一步提高公司的技術水準，讓大量的銀行能夠放心地把信用卡業務（甚至小額貸款業務）外包給飛貸。或者說飛貸把技術出口到大量的銀行。

過去幾年，飛貸的業績非常讓人滿意，與飛貸合作的銀行沒有發生任何損失。要知道，國有銀行天生不願承擔風險，飛貸在合作過程中需要持續不斷地說服這些銀行的合規部門、風控部門和資產配置部門等，這可不是件容易的事。因此，這些銀行能夠連續數年和飛貸保持合作關係，足以證明飛貸在某些方面有其獨到之處。

我是2011年和唐俠結識的。在廣州管理萬穗小額貸款公司的那段時間，我數次跑到深圳拜訪他。我的一位同事戲稱，我是跑去吐苦水的。

2017年上半年，我們又會面了三次，交流想法。撰寫本書的想法，就是在第三次會面產生的。

張化橋：你為甚麼不斷改組和折騰你的公司？

唐　俠：不，我不是在改組和折騰。我們想要做得更好，因為客戶需要。如果我們不能滿足他們的需要，那就無法在這行立足了。我設定最高的標準，然後找來滿足這些標準的最堅韌最聰明的幹將。幸運的是，我們已經在初創核心團隊中補充了許多出色的人才。你已經見過我們的首席資料官和首席風控官。他們都是去年加入的。

張化橋： 你一直避開P2P這塊業務。為甚麼？

唐　俠： P2P其實是增加了融資業務，和我們的業務很不一樣。我們希望專注於提高信用分析水準，而做P2P會分散我們的注意力。

張化橋： 飛貸和競爭者最大的區別是甚麼？

唐　俠： 我們引以為豪的是飛貸的長遠眼光和分析技術。目前來說，我們還是一個放貸機構，但我們的目標是成為技術支援提供商。我們的借貸業務和市面上浮躁危險的發薪日貸款不同，每個帳戶的貸款額上限為30萬，無論是消費者還是中小企業，這比其他公司的上限要高。用戶在智能手機上完成註冊只需要幾分鐘，我們的後台能夠立即給出信用評級和貸款額度。在該額度內，使用者可以根據需要隨借隨還。而我們收取的利率比市面上普遍要低。如果用戶按時還款，信用保持良好，利率還會下調。

張化橋： 飛貸不像趣店和51信用卡，沒有獲取用戶的天然管道，這是不是公司的缺點呢？

唐　俠： 或許是吧。但是，這讓我們更強大了。在推出飛貸App的第一年，我們獲取了500萬註冊使用者，這數目已經不小了。他們是怎麼找到飛貸的？我們並沒有做甚麼宣傳推廣活動，全靠口口相傳。

張化橋： 飛貸賺錢嗎？

唐　俠： 當然啦！

張化橋： 你的高爾夫打得好些了嗎？

唐　俠： 上一次打已經是八年前啦！

P2P龍頭公司你我貸的廣告：「水果攤的及時貸」。

杭州微貸網是二手車消費金融的領軍企業。公司約有五分之四的貸款是二手車的車抵貸，剩餘五分之一是購入二手車的現金貸款。

51信用卡戶外廣告：「讓有信用的人過得更好！」

孫海濤，51信用卡創始人、特斯拉擁簇、孜孜不倦的創業者。他曾經歷
兩次失敗，這一回終於成功了。

王徵宇，信而富創始人。他是線上借貸領域的一股清流，對全面發展和合規都非常重視。

51信用卡位於杭州的辦公大樓簡潔高雅。該公司具有天然的客戶基礎。

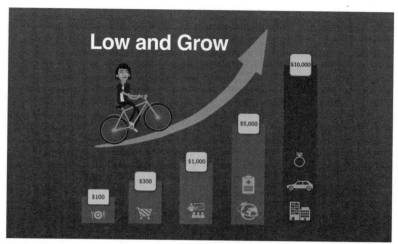

信而富的獨特戰略：先借小錢，再借大錢。公司對借款人收取的利率要明顯低於市場價格。他們關注的是用戶的全生命週期價值。

支正春，閃銀創始人和董事長，畢業於北京大學的天才（物理學和經濟學），曾就職於中國銀行和玖富集團。他在巴西和印尼都有業務，雄心勃勃。

上海催米科技公司。「忘掉私人來電和微信聊天，專注工作。」收債人並不都是戴著面具的紋身男。

李彬，華夏信財創始人和董事長，畢業於加州柏克萊大學，曾就職於花旗銀行、德意志銀行。他預測線上借貸領域將發生大規模的整合，好的公司最終將成為為數不多的持牌銀行。

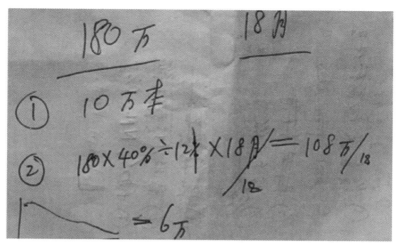

某放貸機構還款計算草圖，利率有些過高。中國政府在利率的設定上，只有指導方針，沒有法律限制。中國政府正致力於在保護消費者權益和允許企業自由經營兩者間找到平衡。強制執行利率上限是非常困難的。

朱永敏，上海淺橙科技創始人。又一個孜孜不倦的創業者，曾任職於騰訊。

李英浩,明特量化CEO,曾就職於美國第一資本金融公司和花旗銀行。
他堅信牌照對於中國線上借貸業是必需的,也是必然的。

夏明,江西省小額貸款行業協會主席。身為保守派銀行家和小額貸款人,
他卻樂於推動金融科技的發展。

美利金融的員工遍布全國30個省份和300多家二手車經銷商，擴張速度和服務品質在業內贏得了美譽。管理層認為，數據和集中化風險控制是關鍵。

劉雁南，美利金融創始人和CEO，畢業於華威大學，曾就職於美林證券和德州太平洋集團。他對二手車消費金融特別感興趣，認為未來幾年將出現三到五家主要的二手車消費金融公司，而美利金融將是其中之一。

2017年9月，51信用卡舉辦了成立五周年紀念大會。CEO孫海濤和明星吳秀波相談甚歡。

唐俠，飛貸CEO。2015年，他關閉了所有分支結構，開始進軍線上借貸領域。他的新目標是把飛貸做成銀行的信貸技術支援服務商。他已經八年沒打高爾夫球了。

# 08

## 趣店等贏家
## 不會通吃

# 趣店等贏家不會通吃

在我看來，擔保公司、信託公司、網貸公司，典當公司和小額貸款企業均屬於次貸機構。政府部門一方面感激它們保護銀行免受次貸風險的困擾，一方面又對它們非常戒備，甚至充滿敵意。

正是由於這種矛盾的態度，政府不僅於十年前已禁止次貸機構在大陸證券市場融資，而且也不允許他們在三板市場融資（最近頒布的禁令）。因此，網貸公司紛紛跑到美國或香港上市，但這樣做的成本非常高，耗時也很長。如果沒有極大的驅動力和堅持不懈的精神，很難熬過這樣痛苦的過程。

最近，一位官員和我開玩笑說：「我們曾經是有社會主義特色的市場經濟，但這幾年，已經變成了有市場特色的計劃經濟了。」

2017年9月，趣店向美國紐交所提交上市申請，背後有五大投資銀行（摩根士丹利、瑞士瑞信銀行、花旗銀行、中國國際金融有限公司和瑞士聯合銀行）的支援。這份招股說明書點燃了國內投資界和線上借貸行業的熱情。

我和業內的六位高管進行了交談。其中，有兩位對趣店的資料和可持續發展（趣店很快將同螞蟻金服展開競爭，後者恰恰是趣店的股東和後盾）表示懷疑；其餘四位則表達了各自的讚賞和羨慕，因為趣店的業績實在太好了。

# 多高才算高？

信而富在IPO招股說明書（第85頁）中給出了2014年至2016年連續三年的放貸利率資料表，以及利率、服務費和交易手續費的各項細節。但是，我在趣店的招股說明書找不到類似的資料，只在36頁找到如下的說明：

「我們過去所促成的交易中，收取的年化費率有相當一部分超過36%。而2016年所促成的交易中，59.5%的年化費率超過36%。如果這些交易的年化費率全部下調至36%，公司收入將減少3.07億元人民幣，佔2016年總收入的21%。」

招股書中繼續寫到，「為了遵守潛在的適用法規和規定，公司在2017年4月調整了所有信貸產品的收費價格，以確保每份貸款的年化費率不超過36%。」

我試著估算趣店2016年的實際費率（如綜合利率）。2015年底，趣店的總資產為267.6億元，2016年7月公司宣佈資本重組（私人股權融資）。

我假設2016年產生收益的加權平均總資產為31億元，這樣一來，公司全年平均利率高達41%。即使把加權平均總資產假設為33億元，全年平均費率也至少為38.5%。上述兩個估算結果顯然大大低估了實際的費率，原因有二。首先，我們假設所有的資金都完全隨時用於貸款，沒有一點閒錢；其次，公司10月4日在香港舉行了IPO午餐會，管理層給出的貸款損失（資產負債表）大約佔總資產的3%（公司的貸款每年周轉五到六次，因此M1一個月以上的逾期率低於0.5%）。也就是說，公司2016年的實際平均費率很可能高達40-44%。請注意，公司2016年的利息收入（財務收益）總計12.7億元。

儘管趣店在2017年4月降低了利率，假設所有資產都能創造利息收入的話，2017年上半年的利息收入也佔到2016年底總資產的21%。請注意這只是半年的業績，還不是全年的。

## 業內領軍者

據奧緯諮詢公司的統計資料和評論分析，趣店剛剛成立三年，就已經成為了業內無可爭論的領軍者。趣店幾乎在每項指標上都取得了卓越的成績：註冊用戶總計4800萬，其中1800萬使用了趣店的服務；重複借款人佔83%；2017年上半年的淨利潤總計9.74億元。最令人震驚的資料是30天以上的逾期貸款率，不到0.5%！趣店在招股書中寫道，「我們的2016年和2017年上半年的30天逾期貸款率保持在0.5%左右。30天逾期貸款率的計算方式為：在某個時點所有預期30天以上的貸款本金，除以當時所有借出去的本金。

這不僅是線上借貸領域聞所未聞的資料，也是國內銀行信用卡業務難以達到的業績！只有騰訊微眾銀行才能與趣店匹敵，後面我們會談到微眾銀行。

線上借貸領域，大家對10%甚至20%的逾期貸款率（甚至壞賬率）都習以為常了。趣店0.5%的資料真的是太好了，好得令人難以置信。

有些高管對此表示懷疑，而有些高管把趣店突出的業績歸功於螞蟻金服的投資和合作。趣店的用戶主要來自螞蟻金服，此外，芝麻信用（螞蟻金服下屬部門）為趣店提供資料和分析支援。趣店還有一個資金來源：網金社，該金融資產交易平台是螞蟻金服和恒生電子（阿里巴巴控股的A股上市公司）控股的。

新網銀行也為趣店提供資金。

趣店的突出業績對行業看好者大有鼓舞，但同時也加添了業內人士的焦慮。

1. 趣店過去把自己的錢貸給借款人，並且把貸款轉資產賣給P2P平台和其他資產管理公司。這是不是業內廣泛存在的違規操作呢？趣店表示，公司已經停止了該項操作，如今採用信託結構來放貸，或者通過旗下兩家持牌線上小額貸款公司（分別在贛州和撫州），但其他許多公司還在用老辦法操作。到目前為止，儘管政府還沒有對這些違規操作的公司進行處罰，但很難說未來不會發生。擺在我們每個人面前的問題是，既然公司違規操作是官方默許的，我們是否應該期待政府加大監管力度？

2. 趣店在招股說明書中寫到，之所以終結與P2P平台的合作，原因有二：P2P融資成本太高（年化利率12%以上）、考慮到監管規定的影響。可以想像，該聲明會讓某些線上借貸公司感到一絲寒意。現在很多網貸公司的P2P資金成本高達18%。

3. 趣店沒有提及外部融資合作夥伴的公司名，只說他們包括信託公司、銀行、消費金融公司和一個金融資產交易平台。之所以這樣保密，很可能是考慮到競爭因素和顧客機密。我懷疑趣店還有某些證券公司和基金公司的資金支援。趣店的對手們要問問自己：為甚麼我們沒有這類便宜又安全的資金來源？一定有人嘗試過，但是否足夠努力呢？許多普普通通的公司（比如現金充足的雜貨店、水務集團、實業公司和高速公路收費公司）都能成為線上借貸平台的完美合作夥伴，但是到目前為止，大家都是淺嘗輒止，還沒有哪家線上借貸公司能成功獲得這些公司的認可和支持。對創業企業來說，要做的事情實在太多了。但正如某位業內高管所說，公司應該聘請資深人士來

專門負責機構融資。現在，爭奪戰必須要打響了。

廣東省有一家比較大的線上借貸公司，它的資金來源主要依賴銀行。2017年2月以來，銀監會的態度變得非常謹慎，銀行紛紛撤資，令該線上借貸公司頭痛不已。他們的董事長甚至認為P2P融資雖然比銀行成本高，而且比較複雜多樣，但要可靠得多。如今，他終於承認，事實上還有許多更好的資金來源：工商企業，資產管理公司和證券公司。

一位線上貸款領域的傑出高管，讀完趣店的招股說明書之後，給我發來了他的意見，總結如下：

**1.** 趣店很可能是國內資本實力最雄厚的小額貸款公司。他們很聰明，迴避了P2P融資模式。至少，他們的成功經驗表明，要想成功，不一定非要做P2P平台。重資產的商業模式沒甚麼毛病。相對而言，趣店的槓杆不算很高。截至2017年6月底，趣店的總資產為114億元，股東權益總計35億元，79億元為債務。

2017年上半年，趣店賬上貸款總發放額（發生額）為354億元，幾乎一半是靠自有資金完成的。儘管79億元的債務要比自身35億元的股東權益多得多（事實上，公司年初股東權益還要少於35億元），但由於對外融資一般都有很多程式和時間限制，公司自有資金的運轉速度要快很多。

無論是用銀行的標準還是用非銀行金融機構的標準來衡量，趣店的槓杆都是相對較低的。在某種程度上，趣店戳破了次貸領域的一個謊言：為了賺錢，必須要加高槓杆。為了充分利用自身資料分析能力，趣店會推薦某些借款人到其他平台借款，收取一定的服務費（導流並且擔保資金的安全）。但是，副業畢竟是副業，2017年上半年，趣店這一塊的貸款額僅為28億。

**2.** 我的高管朋友提出的第二點和第三點並不討喜。過去三

年，趣店通過極高利率的發薪日貸款大賺特賺，但未來呢？銀監會等監管部門會加大力度控制貸款利率不超過36%。我本人對此倒不看淡，因為我相信政府部門不大可能在短時間內強制執行利率上限。在我看來，最高法院只是表示超過36%的利率是不受法律保護的。但是，線上小額貸款領域，誰會指望靠法律強制執行合同呢？

3. 趣店經營手法非常進取，而招股書上也承認公司以前忽視了某些監管要求。當時是江西省金融辦發布行政命令，要求趣店整改江西撫州的小額貸款公司。更重要的是，趣店曾用自有資金向借款人放貸，既沒有這種操作的牌照，也沒有使用信託管理架構。儘管這些違規行為都在上市前逐一整改完畢，但公司管理和運營風格恐怕會受到過去習慣的影響。

4. 無論用戶來源是甚麼（主要來自螞蟻金服），趣店都會保留大量優質客戶資源。趣店未來在獲客方面都將極具競爭力。趣店已經贏在起跑線上。

5. 趣店有兩大主力產品：1) 現金貸業務，平均單筆借款額920元，平均期限是2個月左右。2) 趣店購物分期，平均單筆借款額是1250元，平均期限8個月。這證明在消費金融領域，小額、短期貸款是比較好的模式，次貸領域也是如此。

趣店表示，公司「在趣店購物平台上與超過480家供應商合作，包括一些著名品牌及其授權的分銷商。」這是趣店的一大優勢，不僅可以產生用戶流量，也為趣店創造新的利息收入來源，而且商品分期的貸款可能比現金貸要安全得多。

## 為趣店平反昭雪

趣店上市後，媒體和公眾批評很多，主要是講高利貸的不

道德。我感覺很不公平。

我不認識趣店的任何人（也不持股），但參加過它們上市路演的午餐會，訪問過諸多同行和觀察員們。我認為它是比較規範的一批金融科技企業之一。政府不讓做校園貸，它就停了。互聯網小貸牌照它有兩個，業務要麼從小貸公司放出，要麼走信託通路。信息很透明。並未僱用蒙面打手催收。他們交稅、增加就業、讓急需用錢的成年人在沒有威逼和誘騙的情況下借錢。如果更多的企業加入消費貸款的行列（比如全民放貸），資金供應增加，那豈不是太美了嗎？在資金需求一定的情況下，資金供應大增，豈不是會壓低利率嗎？我真的不知道趣店有甚麼大錯！

高利貸：多高叫高？兩個成年人在沒有威逼下形成的利率叫市場利率，合情合理。趣店的招股說明書我讀完了，但很多評論員沒有讀。它們去年、前年的利率是不低的，今年4月起一律降低到36%以下了。這在業內已經是中低水準（雖然大大高於上海信而富的利率水準）。國人不譴責中國利率高企的根本原因，而罵趣店這樣的放貸企業，太不應該。年化利率36%，聽起來可怕。但是考慮到小額和短期的特點，它其實非常合理。筆者於1986-89年在央行擔任主任科員，好幾次到河北和浙江省調查民間借貸和非法集資問題。那時的市場年化利率均在200%以上，而且出資人和借款人的權益都無法保障。現在互金市場相當透明。央行和銀監會的監管哲學是若即若離，在鼓勵創新與維持秩序之間掌握了絕佳的平衡，堪稱世界堪模。

你不分析中國房價高企的根本原因，而罵地產公司心狼手辣。難道你要地產公司虧損賣房嗎？難道利潤最大化不是資本主義最美麗的本質嗎？

中國為甚麼有這麼多次貸用戶：這才是咱們中國人應該感到羞恥和憤怒的真正原因。咱們的社會不公、城鄉差距太大、生活費用攀升，這才是高利貸的土壤。高利貸當然有負作用：如果咱們不改變社會不公的根源，會有一大批靠短期高利貸不斷滾動的低下層消費者。他們可能永遠難以爬出來。這讓人害怕。但是政府和國民要從根子上解決問題，而不是罵放款人。

大家行動起來吧！全民放貸，通過增加資金供應的辦法把市場利率打下去。

貨幣供應量增長越快，資金反而越緊張。中國的貨幣供應量高速增長了40年，現在雖然咱們的經濟總量比美國小40%，但是貨幣供應量的絕對值比美國大58%。而且咱們的增速9%，遠遠高於美國的3.5%。可是，為甚麼在央行基準利率4-5%的情況下，次貸人群要付出30-50%以上的市場利率？這難道不是產生社會不公的諸多原因之一嗎？中國的貸款基準利率太低，補貼國企和有特權的企業。在某一個均衡利率情況下，有人用了便宜的錢，就一定有人要用昂貴的錢。基準利率越低，市場利率就越高。國企和有特權的人們用爆了低利率的銀行信貸，就必然有大量的普通借款人被迫付高息，尋次貸。後者補貼前者。社會就是如此不公。

信貸民主化是治療社會不公平的一劑良藥。趣店之流在為自己的同時，也正為信貸民主化做著貢獻。

你我的儲蓄長期被政府制定的低利率所剝削。餘額寶和諸多民間機構頂著政治壓力，希望在賺點小錢的同時，改變中國利率壓抑和存貸利差過大的苛政。你我要感謝他們，歌頌他們，而不是羨慕嫉妒恨。

高利貸是一個堂堂正正的行業。你從來不批評PE（私募投

資基金），他們要求的內部收益率，你想知道嗎？你從來不批評LV手袋公司或者時裝公司、煙酒公司，憑甚麼責難高利貸業者？我引用高盛投資銀行董事長Lloyd Blankfein在2009年得意時說過的一句話，他說，投資銀行正在積德（doing God's work）。他大受批評，其實，互金企業才夠資格說，我們奉上帝之命做事：We are doing God's work.

## 其它業內領軍者

### 微眾銀行

　　微眾銀行於2014年底開業，和趣店起步的時間差不多。截至2017年年中，作為微眾銀行的投資者之一，微粒貸挑選了7000萬符合條件的借款人推送邀請，其中1700萬人接受邀請並在微粒貸上借款，每筆貸款約為8000元左右。微眾銀行作為一家有牌照的銀行，有著其他非銀行金融機構（如線上借貸公司，包括趣店和51信用卡等）無法媲美的優勢。採用可比較的計算方法，截至2016年底，微眾銀行的30日逾期貸款率為0.32%。微眾銀行的借款人每天支付的利率為0.025-0.05%（年化利率9.125%至18.25%不等），由於貸款利率是按日計算的，貸款可以隨時償還，這給予了用戶更大的靈活度，也使得微眾銀行的貸款是市面上最划算的，當然也比銀行信用卡借款便宜。微粒貸的貸款申請和償還都是在智慧手機上操作的，分秒間就能完成，自然比銀行系統的消費金融服務便捷得多。

　　微眾銀行在融資方面同樣具有優勢。銀行屬性（以及騰訊）給予微眾銀行潛在投資者更多的信心。截至2017年年中，微

眾銀行和國內30多家銀行簽署了合作協定。在一筆貸款中，合作銀行提供80%的資金，而微眾銀行負責剩下的20%。如果將來微眾銀行的業務量超過了自有資金所能承載的額度，鑒於非常低的壞賬率，微眾銀行還可以將自己出資的比例從20%往下調。微眾的壞賬率遠低於一般的銀行信貸。而且需要注意的是，微眾在聯合貸款裡面出資的20%，優先順序別和銀行出資的80%資金是一樣的（不像趣店的貸款推薦業務，趣店的出資屬於次級劣後）。

對大量的中小銀行來說，微眾銀行提供了非常具有吸引力的資金出口，直接把信用卡業務和消費金融業務外包給微眾銀行就行。換句話說，逐漸積累的公信力可能使得微眾銀行成為獨立的放貸服務提供者。

2016年，微眾銀行在微信體系中推出了微車貸。微信用戶憑邀請就能申請車貸。這對於想買二手車的人來說，是非常有吸引力的，因為二手車貸的利率一直居高不下，年化利率25%甚至更高。新車車貸比較便宜，由於銀行和整車廠參與競爭，通常年化利率在10%以下。而在二手車貸領域，因為風險較高，利率很難降下來。如今微眾銀行和類似公司開始介入，他們掌握使用者的歷史資料，能夠做出合理的貸款決策，將促進這塊市場發生變化。

目前，大家在猜測微眾銀行會不會在微信體系中推出微房貸，瞄準房貸市場（反向抵押貸款）、次級貸款和次優級抵押貸款。由於這些都屬於擔保貸款，微眾銀行或許要和具備廣泛分支機構的線下運營商合作。幸運的是，有的公司已經建成了這樣的線下網路，比如廣州的泛華金融服務。我們在後面會用一整章的篇幅來討論泛華金融服務。

## 螞蟻金服

趣店在招股書中提到，螞蟻金服是趣店的主要股東和業務支持者；事實上，螞蟻金服也是趣店的潛在競爭者。「螞蟻金服旗下也有消費金融業務，比如螞蟻信用、花唄、螞蟻小貸和借唄。花唄和信用卡的功能類似，用戶在一定的額度內可以透支（購買商品或服務），只要在還款期限內全額還款，就無需支付利息。借唄則提供各種各樣的現金貸產品，有些產品的額度比趣店的產品額度大很多。因此，螞蟻金服的消費金融業務的潛在客戶可能和我們一樣，可能和我們展開直接競爭。」

但是，趣店在招股書中進一步指出，趣店正在積極探索與螞蟻金服借唄的合作機會。因為趣店和借唄目前的規模都相對較小，競爭還不是首當其衝的問題，而隨著行業發展和公司擴張，競爭將成為未來的重要問題。此外，趣店的商品分期業務將和螞蟻金服的花唄形成競爭關係，後者的線上分期付款利息要比趣店低得多，而且還有免利息的期限設置。

## 贏家不會通吃

令人吃驚的是，趣店的競爭對手反應很遲鈍，無論是學習趣店的盈利模式還是從中獲利，速度都很慢。這些後來者能取代趣店嗎？如果從用戶獲取方面做不到，至少在籌資管道上能有所作為。但是，僅僅拓展籌資管道還不足以大幅提升線上借貸公司的收益率。

表8.1將所有線上借貸公司分成四類。表現最好的是微眾銀行、螞蟻金服、京東金融和趣店。他們擁有可靠的資料和使用者資訊，這使得他們的逾期貸款率極低，幾乎可以忽略不計。緊隨其後的第二梯隊是51信用卡。第三類是業內領先者，包括宜人貸、信而富、量化派和閃銀等公司，他們能專業地分

析海量資料，做出合理的貸款決策；但是，他們目前還不能像趣店和微眾銀行那樣很好地獲取用戶。

表8.1　四類公司的逾期還款率對比

| 運營商 | M1逾期率 % |
| --- | --- |
| 微眾銀行、螞蟻金服、京東金融、趣店等等 | 1%左右 |
| 如51信用卡等有天然生態系統 | 3-6% |
| 沒有天然生態系統的（宜人貸，信而富，等等） | 6-11% |
| 其他公司 | 高於11% |

資料來源：筆者根據公司資料估算

　　微眾銀行、螞蟻金服、京東金融和趣店等行業翹楚，在以下三個方面具有明顯優勢：

　　1.用戶獲取成本低。這幾家線上借貸公司通常都不用打廣告。2016年，微眾銀行非常謹慎地選擇了7000萬預先核准的借款人（白名單），然後在他們的微信上安裝了「微粒貸」小程式。當我在2017年9月發現自己沒有收到「微粒貸」的安裝邀請時，我感到很受傷。要知道，普通的線上借貸行業的用戶獲取成本可以高達100-200元/人，這麼高的成本常常能決定一個公司生存還是毀滅，尤其是小額貸款公司。某些線上借貸公司發現，獲取一個新客戶後，需要完成9-12期的貸款，收回來的利息才能覆蓋相應的獲客成本。而且，「白名單」上的借款人都是信用評級較高的，要比打廣告吸引來的客戶優質得多。廣告吸引的通常都是信用差一些的用戶；

　　2. 更安全的用戶。某些批判「圈養客戶」理論的人認為，只有把錢借給客戶，才能知道他會不會還錢，他們還認為社交媒體資料甚至歷史交易資料的重要性被高估了。然而，到目前為止（雖然只有短短幾年），微眾銀行、京東金融和趣店利用歷史交易資料和社交網路記錄的效果很不錯，這已經成為了他們

的明顯優勢；

3. 融資成本低。趣店的融資成本較低，部分受益於螞蟻金服的合作關係，部分受益於因此帶來的低逾期率。如果風險可控並且投資回報率高，國內1000多家大大小小的銀行和數量龐大的現金充足的公司都會願意涉足線上借貸領域。趣店的競爭對手們在低成本融資管道方面做的努力還很不夠。金融科技公司的高管都不太能忍受傳統機構（如銀行、證券公司，甚至工商企業）的官僚主義。但是，這些機構恰恰蘊含著大量賺錢的機會。

## 市場保持高度分散

在可見的未來，儘管業內佼佼者各有優勢，但他們的規模將永遠不足以壟斷該行業。和智能手機、搜尋引擎、社交媒體和電子商務網站等行業不同，信用市場總是趨於分散，原因是產品不具備差異性（同樣是借錢，甲公司的錢和乙公司的錢沒甚麼兩樣）。

唯一的差別在於公司盈利能力的高低。有的公司賺得盆滿缽滿，有的公司賺得少一些。儘管如此，總會有公司因為虧得太多而不得不關門，也會不斷有新手加入挑戰。舉例來說，美國多次經濟衰退，20世紀80年代到90年代經歷了社區銀行危機，2008年經歷了次貸危機，目前仍然有6000多家銀行，而且還不斷有新的銀行創立。原因也是同樣的：產品不具備差異性（同樣是借錢，甲銀行的錢和乙銀行的錢沒甚麼兩樣）。結論：中國線上借貸行業的整合將是一個漫長的過程。

# 09

## 中國公司
## 為甚麼全都
## 涉獵金融？

# 中國公司 為甚麼全都涉獵金融？

　　跨國公司如微軟、蘋果和英特爾等在國內外均有大量現金儲備，而像谷歌、亞馬遜和推特等則擁有龐大的用戶數據。試想想，供應鏈金融目前在中國如此火熱，中國企業高管應常常會這樣問：以上這些龍頭企業，任何一家都能隨時調動大量現金，而且成本極低。那麼，他們為甚麼沒開拓借貸業務並從中大賺特賺呢？

　　相反，中國的大企業卻都擁有自己的金融業務部門：借貸、投資和資金管理等。我能想到的例外只有一個：華為。為甚麼金融如此受中國公司的擁戴，卻不受西方公司的愛戴呢？

　　當然，這裡面有文化因素。在中國文化裡，開一家銀行或類似銀行的金融機構，往往自帶光環和神秘感，或許是某些文學作品的偏見所影響吧。中國歷史上，戰亂和惡性通貨膨脹頻發，最好的生意自然就是搞金融，可能僅次於管稅收和印鈔票。

　　除了文化因素，中國人對金融的癡迷多因融資困難。在中國，金融業的回報率相當高。如表9.1所示，國內上市的3000多家公司中，金融業的淨利潤佔全市場淨利潤的一半以上，2015年更是高達62%。也就是說，金融業就是金礦。

表9.1 國內上市公司的淨利潤（單位：十億元）

| 年份 | 2013 | 2014 | 2015 | 2016 |
|---|---|---|---|---|
| 所有上市公司 | 2,373 | 2,541 | 2,591 | 2,798 |
| 上市的金融公司 | 1,285 | 1,439 | 1,608 | 1,533 |
| 金融公司淨利潤佔市場總利潤的百分比 | 54.2 | 56.6 | 62.1 | 54.8 |

資料來源：Wind 資訊

　　除了非銀行金融機構的野心勃勃和積極進取，一定還有甚麼原因使得金融業如此賺錢。是因為制度化壟斷嗎？顯然不是，全國有1000多家銀行業機構，隨便在哪條街上走走，你就能看到銀行。是因為有利的監管環境嗎？十年前還可以這麼説。但隨著時間推移，尤其是近些年貸款利率放開，「協定存款」和貨幣基金也開始逐漸削弱了央行對存款利率調控力度，因此監管環境也變弱了。

　　令人憂傷的事實是，儘管銀行的資金成本一直保持2%左右的低水準，卻一直對借款人收取7-8%的利息，而最優惠貸款利率為4-5%。也就是説，銀行的利差仍然高得離譜，而且淨資產收益率在12-20%之間。有哪個行業能與銀行業匹敵？

　　但是，在國內不太賺錢的商業大環境下，為甚麼金融還能賺得盆滿缽滿呢？根本原因是居高不下的利差。而利差為甚麼能夠那麼高呢？

　　存款利息是監管部門嚴格控制的。全國最大的貨幣基金要數阿里巴巴的餘額寶，雖然這款產品非常流行，但和市場總量相比仍然微不足道。

　　簡單對比一下：

　　1. 用戶數量：

　　餘額寶：2.6億散戶

銀　　行：8億散戶，再加上所有的企業、非盈利機構和政
府部門

**2. 存款額（截至2017年9月中旬）：**

餘額寶：1.432萬億

銀　　行：165.826萬億

**3. 淨利潤（2016年）：**

餘額寶（天弘基金）：不到20億

銀　　行：1.327萬億

　　以上資料對比可以看出，受管制的銀行存款仍然佔據主要地位。因此，決定存款市場價格（利率）的仍然是受管制的銀行存款，而非崛起的新生力量。

　　既然存款利率受到了嚴格管控、處於較低水準，那麼，為甚麼放開的貸款利率沒有同步下調從而降低淨息差呢？

　　我的假設如下：

　　1. 國內的實際通脹率要高於國家統計局發布的資料。因此，國內的銀行借款利率，低於實際應有的市場水準。絕大部分銀行都由政府控制，基於政治和社會民生等因素，銀行並沒有對貸款收取儘可能高的利率。他們配置有限資金時，採取了一些別的標準，比如借款人的股東背景（政治關係）、社會聲望和抵押品等。而銀行低於市場價格的借款利率刺激了更高的貸款需求。

　　2. 餘額寶的協定存款利息為4%或更高，該水準和貨幣基金、銀行的企業協定存款利息以及市場上成千上萬的理財產品收益率差不多。因此，我們可以公平地說，銀行低於2%的存款利息是遠低於市場水準的，甚至也低於實際通脹水準的。國

際統計局發布的數據稱，中國2014年到2016年三年的通脹水準分別為1.5%、1.4%和3%。就算以國家統計局發布的資料作為標準，國內銀行的存款利息（不到一年期的定期）扣除物價因素之後，基本就是負數了。

銀行的活期存款利息只有0.35%（如2016年至2017年），而類似銀行活期存款的餘額寶和許多貨幣基金的回報率為4%或更高。當然，這些貨幣基金不如銀行活期存款那麼安全（而且確實有利率風險），但是，貨幣基金的變現能力很強（隨時可以贖回），而統保的存在事實上表明，央行確實把存款利息定得太低了。

2017年，餘額寶兩次下調散戶的存款上限：從每個帳戶100萬到25萬，再到10萬。貨幣基金的收益率也下調了。這非常奇怪。為甚麼要把用戶往外推？有的觀察家認為餘額寶是為了更好地管理流動性。我認為這講不通。一個有著成百萬上千萬散戶的公司，怎麼會存在現金流問題呢？我認為真正的原因是，餘額寶不希望得罪銀行業和監管部門。央行、銀監會和銀行業肯定對餘額寶等貨幣基金施壓了，讓後者不要那麼激進。正是因為這些政治壓力的存在，貨幣基金公司通常都很克制。

3. 儘管利息差已經很大了，貸款利率或許還不夠高，這意味著市場這只看不見的手失效了。原因很可能在於銀行的自我克制，他們不願意把利率定在合理的高位。畢竟，貸款利率是最近幾年才放開的，市場調節總是會有些滯後的。或許，信貸市場就不是一個自由的市場，而是被操縱的市場。

4. 過去四十年，國內企業的負債比例一直很高（一直是高度槓杆化的），反映了資本金不足的狀況，以及企業家追逐高回報的渴望。貪婪或投機，隨便你怎麼評價，但他們這種永不

滿足的貸款需求持續推動貸款利率上行。鑒於這些企業的冒險精神，只有次級貸款市場（如非銀行金融機構）才能夠滿足（至少部分滿足）他們的胃口。二元貸款市場相互促進、彼此繁榮：銀行服務優質客戶（主要是國有企業、大型私營企業、背景過硬的機構、優質消費信貸和優級抵押貸款），次級貸款服務中小企業、草根和其餘所有人。

次貸市場還是滿足地方政府和特權機構需求的好地方。舉例來說，如果地方政府要違背中央意願大興土木（如修建豪華市政廳、高爾夫球場和高檔酒店等），因為中央對地方有債務限制，他們不得不利用次貸市場上的債務結構創新。國內全市場有68家信託公司以及大量負責PPP（private-public partnerships）專案的專業公司，其中某些公司很擅長投機取巧，和安然、雷曼兄弟等公司一樣「善於創新」。確實如此，他們把這當作核心競爭力來吹噓。當監管部門禁止銀行給地產商貸款購買土地時，房地產商只好求助於次級貸款：信託貸款、理財產品，以及各種明股實債（附有回購協定或抽屜協定）。

當政府部門不鼓勵發展鋼鐵廠、水泥加工廠、鋁冶煉廠、採礦企業、重污染工廠以及任何甚麼企業的時候，它就會禁止銀行給這些企業貸款，迫使這些企業投入次貸市場的懷抱。有些銀行往往會想辦法留住這些業務，用一些比較曲折迂迴的辦法。事實上，銀行通過這些曲折迂迴的辦法，甚至可以賺到更多的錢。舉例來說，銀行會選擇用表外理財產品來幫助這些企業。這些產品使用起來很便利，尤其是在監管部門希望看到銀行資本充足或貸存比較低的情況下。

# 10

搶佔二手車
金融市場

# 搶佔二手車金融市場

　　2014年至2015年，大量資金湧入次貸市場（信託公司、理財產品和P2P等）。人們突然發現好像沒甚麼好的投資專案了，或者說好的投資專案太少了。有人造出了一個流行詞：資產荒，表示優質資產匱乏。不足為奇，當時正值不良資產、欺詐、混亂、恐慌和資產爭奪甚囂塵上。許多信託公司蒙受了巨大的損失，當然也包括其他投資者（銀行、基金，以及證券公司的資產管理部門）。許多P2P公司被迫關門。

　　我感到意外的是，「三角債」這個名詞沒有重回大眾視野。也就是在這個時期，人們才開始認真審視二手車金融市場。此前許多年，購買新車一直是小康家庭的特權，而小康家庭並不需要貸款買車。就好像多年前買房都是全額付款一樣，大部分人選擇用全數現金買新車。

　　而在2010年到2011年間，情況發生了變化，車貸的概念逐漸為大眾所接受。新車貸款市場一直是銀行和汽車製造商佔主導。銀行有廉價的資金，而汽車製造商要提高汽車銷量，他們都有自己的優勢和訴求。對於次貸公司（如P2P、線上借貸公司，甚至包括產業基金）來說，新車貸款市場根本找不到立足之地。但是，二手車貸就不一樣了，這個市場相對複雜。銀行到現在還沒有找到很好的辦法來做二手車貸款業務，除了給那

些規模較大、業績較好的二手車貸公司貸款。

　　就是在這樣的背景下，劉雁南打入了二手車貸市場。2012年，他和兩位合作夥伴創辦了有利網，一家總部位於北京的P2P公司。劉雁南畢業於英國華威大學，曾相繼在美林證券和德州太平洋集團工作數年，直到某天他想自己創業了。中國的P2P領域內，有利網是2012年至2015年連續四年的前五名，吸引了許多關注和投資。但是，劉雁南卻因為兩點原因離開了有利網：在公司戰略和管理方式上與其他管理層有分歧；以及他個人認為P2P商業模式正面臨日益嚴峻挑戰，他擔心資金緊縮會威脅公司的持續發展。在他看來，任何一點風吹草動都會對公司的商業模式造成影響：監管規定調整、善變的輿論，以及不良資產。

　　2015年，有利網的三位創始人分道揚鑣，劉雁南開始嘗試新的創業想法。他希望有比P2P更加穩定的資金來源，同時把注意力放到了兩個消費金融領域：二手車和手機。

　　劉雁南創立了一家新公司：美利金融，很快就吸引到私募基金的投資。但是，美利金融最初仍在通過自己的P2P網站吸納資金。2016年7月，劉雁南關閉了這條融資管道（還清了約110,000位散戶的錢），美利金融開始完全依賴機構投資資金，因為後者更便宜、更可靠，貸款期也可以更長。從前在有利網，劉雁南依靠小額貸款公司給客戶貸款，有利網只是一個承擔信貸風險的中間商。而現在，劉雁南希望直接貸款給終端消費者。

## 如何進入二手車貸市場？

中國擁有全球最大的汽車市場。2017年，中國汽車工業協會預計汽車銷量將達到3000萬輛。二手車市場同樣非常活躍，規模也很龐大。根據中國汽車流通協會的資料，2017年上半年，二手車成交量達到580萬輛（比2016年同期增長22%），成交額高達3900億元。二手車市場快速增長至少有三個原因：

首先，根據中國汽車工業協會的資料，2017年前8個月新車銷售量與2016年同期相比，仍然在以 4-5%的速度增長。

其次，中國年輕人很多，而且在四處尋找更好的就業機會，這也促進了二手車的銷量增長；

最後，越來越多的消費者選擇在買車上省錢，卻想享受不同的駕車體驗，而且住房、教育和旅行等項目的支出佔比都在增加。電子商務龍頭公司和互聯網巨頭都在嘗試進入二手車市場，要麼做二手車買賣、資料服務和銷售中介，要麼做車貸或二手車估值。但是，他們都遇到了同樣的問題：儘管他們願意用燒錢的方式搶佔市場，仍然有兩個重要因素擋住他們的去路：二手車購買頻率低，而且每一輛二手車都是不一樣的。二手車市場高度分散。規模較大的經銷商完成了全市場五分之一的成交量，而其餘的五分之四被1100多家公司或交易市場佔有。

美利金融獲得了八家合作銀行的資金支持，年化利率大約為7%。公司的2100名銷售代表常駐300多家二手車交易市場，貢獻了全公司三分之二的交易量。每筆車貸從5000到70000元不等，二手車抵押給美利，但所有權和駕駛權屬於借款人，因此風險控制對美利金融這樣的貸款人來說至關重要。市面上有

兩類二手車金融業務。一類是微貸網那樣的。車主著急用錢，就把車抵押給微貸網，獲得一筆貸款，叫做汽車抵押貸款（車抵貸）。另一類是美利金融那樣的，不涉及現金提取。買主無法全額買車，就先支付首付，由美利金融負擔剩下的購車款。買主擁有二手車的所有權和使用權，但車是抵押給美利金融的。（微貸網大約有五分之一的業務是這類汽車購買貸款。）

上述兩類業務的差異很關鍵，因為車貸客戶有明確的需求（買車），而且還涉及特定的交易，通常來說要比車抵貸安全。在車抵貸業務中，有的借款人花完錢之後很快發現自己無法償還貸款，而公司要追回抵押的二手車非常困難，常常要用到各種手段。

過去的半年間，我和美利金融CEO劉雁南進行了三次會談，下面是我們最近一次會面的摘要：

張化橋：你為甚麼如此看好二手車市場？

劉雁南：瞧，二手車市場的規模已經很大了：每年超過800萬台的交易量，而且在以兩位元數的速度增長，比新車市場增長還要快。如今，二手車金融的市場為2000億，而在未來幾年，這個數字還會增大四五倍。我們非常幸運，無論是銀行還是互聯網巨頭，在這一行都沒有先天優勢。互聯網巨頭有的是錢，能夠鋪天蓋地地打廣告。但是，顧客最終還是要親身體驗實體車的性能，不是只看看圖片就算了。也就是說，互聯網巨頭充其量只能在客戶引流這方面有所優勢，但即便是這一點，我也表示懷疑。對二手車買家來說，最好能夠親自到現場看看車。我們常常會看到買家帶著

親朋好友一起前來看車。他們會一起討論，然後做決策。也就是說，廣告對二手車買家來說效果有限。花錢打廣告，最終受益的是二手車中間商、網站運營商、二手車估價公司和消費金融公司。我們公司提供二手車估價和二手車車貸等服務。未來，我們還會拓展業務，涉足二手車交易中介服務。這將大大提高我們的效率，改善我們的品質控制。

張化橋：在二手車市場上，公司規模有決定性作用嗎？

劉雁南：公司規模大似乎在二手車市場上沒甚麼優勢，或許還會因為規模變大而導致成本增加。廣告不能創造收入，更不用說消費者忠誠度了。對二手車買家來說，購買二手車三、四年才一次，頻率很低，因此談不上全生命週期價值。無論如何，必須在現場處理好每一筆交易、每一輛車。這對於互聯網巨頭來說是很難跨越的障礙。對我們來說，這也同樣是個挑戰：如何平衡風險控制集中化和貸款決策當地化？如何實現規模化？

張化橋：你曾提到未來幾年將會出現三到五家重量級的公司，可是，你也提到該行業的規模不經濟，這是否矛盾呢？

劉雁南：這對我們來說確實是個嚴峻的挑戰。我們具備先發優勢，也證明我們平衡了各方面因素的能力。就如沃爾瑪創始人常說的，經營好大型連鎖超市公司的最佳策略，就是經營好每一家連鎖超市。當然，這並不是某些互聯網從業者的思維方式。

但是話說回來，我必須補充一點，我們最關鍵最核心的能力就是收集和分析資料。我們接入了央行徵信中心和幾十個資料庫，以輔助我們的決策。

為了持續迅速的發展，我們需要大量廉價和可靠的資金。幸運的是，我們有八家合作銀行和非銀行金融機構的支援，還發行了兩個資產擔保證券（ABS，asset-backed securities）。我們會持續發掘融資機會。投資是對我們信心的認可，希望隨著時間推移，大家會更加信任我們的風險控制能力。

# 11

城市新居民的
房貸

# 城市新居民的房貸

2017年元旦前夕，某人在互聯網上發布了一個好笑的帖子。這個帖子迅速傳播開來，大意如下：

過去十年十大賺錢職業或投資決策：

1. 在北京買房
2. 在深圳買房
3. 在上海買房
4. 在廣州買房
5. 在南京買房

……

過去十年十大賠錢職業或投資決策：

1. 賣房創業
2. 賣房炒股
3. 賣房留學
4. 賣房……

讀到這裡，想必你已經心領神會了。

對於廣大民眾長期高漲的購房熱情，房地產開發商既感到驚訝（和我們每個人一樣），又感到心滿意足。與此同時，所有看淡房價的人都拜倒在現實面前。過去十五年，一線城市的房

價至少上漲了五到十倍。在房價上漲的過程中，人們逐漸堅信房價只漲不跌。羅伯特·席勒（Robert J. Shiller）教授的《非理性繁榮》（Irrational Exuberance）的中譯本銷量一直不太好，因為大多數人認為，席勒教授的分析只適用於美國，而不適用於中國。那麼，怎麼看日本房價長達二十年的低迷呢？人們或許會這樣說，「日本人口老齡化了，而且人口在不斷減少；中國的人口情況完全不一樣。」

德意志銀行的分析師估計，截至2017年9月，本年度約有5000億元的消費貸款最終用於支付買房首期。一旦房價下跌、借款人失業或收入停滯，這些貸款將面臨很大的逾期風險。

## 銀行業的日子太美好

對國內銀行業來說，日常工作還是很輕鬆美好的，儘管也不是循規蹈矩的朝九晚五。無需多費力，就能完成一筆按揭貸款業務。新的住宅樓開盤，銷售速度非常快，這是過去十五年的常態。對銀行來說，唯一的難題是在短時間內要給大量借款人貸款。而房地產開放商的高管會協助銀行，做好各種服務工作。房地產按揭看起來像是批發業務，而不是零售了。

對銀行來說，新房按揭要比其他房屋相關貸款輕鬆多了。新房按揭貸款標準清楚、流程簡單，而房抵貸或者反向按揭貸款往往流程複雜，審核困難。比如抵押房屋借錢出國旅行、開餐館，有的甚至因為某個小道消息而借錢炒股，這些項目就沒那麼好做了。

當然，競爭也逐漸變得激烈，尤其是中小銀行不斷加入。因此，這些銀行不得不冒險去摘更難的果實。通常，他們會以「裝修貸款」的名目把錢借出去，對貸款的實際用途彼此心照不宣。一直以來，銀監會都擔心銀行的消費貸和線上借貸平台的貸款變成了買房款的首付。儘管我們找不到相應的資料，但很多案例表明，銀監會所擔心的事情正在發生。

和銀行打交道是非常繁瑣的，許多消費者（尤其是進城打工者和受教育水準較低的人群）不熟悉銀行的審批流程，心生畏懼。這給許多靈活的小額貸款公司創造了機會，儘管他們收取的利息比銀行高得多。此外，大量的消費者從事灰色工作、自由職業，或就職於「無證單位」。他們也許沒有戶口或者居住證，也沒有納稅和信用記錄，又或是信用記錄不良，根本無法向銀行申請貸款。

## 泛華金融　瞄準城市新居民

泛華金融是一家總部位於廣州的綜合金融服務集團，成立於2010年，國泰財富基金有限公司（美國基金公司）持股33%，泛華集團（納斯達克上市公司）持股20%，剩餘的股份由管理層和一些私人投資者持有。早些年，泛華金融專注於二手房屋買賣的贖樓貸，為想要賣房的人提供過橋貸款，以先還清銀行的貸款。國內銀行對房屋抵押人的態度很奇怪：必須要還清按揭貸款才能賣房；有時候有一份擔保函也能讓你順利賣房。

泛華金融借錢給這些想賣房的人，幫助他們還清銀行貸款；等房屋轉手，買家把房屋再次抵押給銀行，就能拿到錢還

給泛華金融。泛華金融還會協助某些借款人出售房屋，從還清銀行貸款到房屋轉手，這個過程通常需要幾個星期的時間，有時也會長達數月。

近幾年，泛華金融一面繼續從事上述業務，一面開始著手更大的一塊業務——借錢給城市新居民做小生意：興業貸。近二十年，進城謀生的農民超過三億，而這就是泛華的客戶基礎。

目前，泛華金融在30多個大城市設置分公司，員工總計4000多名。經過十年的留存利潤積累，泛華的淨資產已經增加到15億元。由於沒有放貸牌照，泛華選擇和幾家信託公司合作，一方面借用他們的牌照，一方面借用他們的資金。

泛華對外的貸款年化利率大約為24%，付給這些信託公司10%左右的資金成本，在貸款結構中處於次級地位（劣後債junior tranche of the loans）。2017年9月，泛華金融的總貸款餘額超過了150億元，大約是10倍的槓桿。泛華金融的淨利潤很可能在2017年達到4.5億甚至5億元。在這個助貸模式下，泛華金融的槓桿率慢慢會失去意義。它的槓桿倍數可以更高。

我和泛華金融的管理團隊相識六年了，一直保持著密切的聯繫。就在2017年的國慶長假前，我和泛華金融的董事長、CEO翟彬坐在一起討論他的發展戰略和面臨的挑戰。

張化橋：你們的典型客戶是哪類人群？

翟　彬：我們的目標客戶是希望借錢做小生意的城市新居民，比如要開餐館、開花店、開美甲店，等等。一般來說，我們的貸款為期兩年，平均額度在60萬元左右。和許多競爭對手不同，我們強調每月等額本息還款。換句話說，我們借出的本金償還很快。這樣一來，我們承擔的風險就減少了。

比方說，你的房屋價值100萬，我們直接給你70萬。一個月後，我們借給你的錢就少於70萬了。所以我們感到很安全。

張化橋：為甚麼銀行沒有和你們競爭？

翟　彬：當然有銀行來競爭啦。他們給抵押貸款安上「裝修貸款」的名目，實際上客戶借到錢可以隨便用來做甚麼。這是眾所周知的秘密。但是，尋找客戶和做成貸款交易並不容易。銀行用得著這麼費勁嗎？事實上，銀行總是受限於內部貸款指標限制。因此，他們會把一些好客戶介紹給我們。房地產代理、保險代理、律師和電子商務公司等也會介紹客戶給我們。我們也會直接通過商務研討會、微信推廣和電話推銷等方式進行市場行銷，發掘潛在客戶。但是，推薦始終是我們主要的客戶來源。

張化橋：你們提供房屋二次按揭貸款嗎？

翟　彬：是的。我們事實上還挺喜歡這塊業務的。比方說，銀行借出40%，而且持有房契，我們借出20%。這樣對我們來說很方便。欠銀行的錢可是大事，央行徵信中心的黑名單不是鬧著玩的。一般來說，消費者只要有別的解決辦法，不願意甚至根本不會考慮違約。而且我們的貸款利息要比銀行高，所以借款人會優先迅速還清我們的錢。

張化橋：收回抵押物容易嗎？

翟　彬：這通常很複雜，無論抵押的房屋是借款人自住還是單純用於投資。因此對我們來說，關鍵在於審

核借款人是否是「合適人」，以及一些類似的衡量
標準。我們從不投機取巧，也從不癡心妄想。就
是老辦法，運用生活常識的智慧。

張化橋：你們的逾期率多少？

翟　彬：1%左右。我們控制每筆貸款的額度、貸款價值
比，而且保持自律：必須不斷提醒自己少貸一些。

張化橋：你們面臨的最大風險是甚麼？

翟　彬：近些年，房價大幅上漲。為了減少風險，我們嚴
格執行貸款額度不超過房屋價值70%的規定。如
果有員工和借款人勾結，誇大房屋價值，我們就
會承擔不必要的風險。因此，內控和相互制衡非
常關鍵。我們會非常小心地審核借款人的其他資
料，比如工作經歷、家庭背景和社交媒體活動。

張化橋：10倍的槓桿是不是太高了？

翟　彬：不高。我們實際上還可以借出更多的錢。合作夥
伴對我們的風險控制體系非常有信心，畢竟合作
多年了。當我們資金充裕的時候，我們的劣後債
佔比就大一些；資金不太充裕的時候，佔的比例
小一些。我們的劣後債能給合作夥伴以信心和安
全感，但嚴格來說，這不是必需的。

張化橋：接下來有甚麼新計劃？

翟　彬：現在，我們貸款的餘額每月增量為10億元，可以
說生意興隆。但是，我們不能承擔過大的風險。
我們必須加強資料分析能力。怎麼做呢？我們也
不想從零開始，我們正在和專業的資料服務商和
分析技術公司洽談合作。

我們需要更多更好的資料分析。現在公司的融資成本太高了，如果能得到銀行的支持，2018年我們的淨利潤就能翻一倍。計算起來很簡單：銀行的融資成本大概每年7%，而我們現在用的信託公司融資成本為10.5%。融資成本每下降一個點，利潤就增加1.5億元。

# 12

## 有限制牌照銀行是否過多？

# 有限制牌照銀行 是否過多？

　　我和華夏信財的創始人和董事長李彬做了一次專訪。李彬1992年從美國加州大學栢克萊分校畢業，先後就職於花旗銀行、德意志銀行和宜信集團。2015年，他在上海創立了華夏信財，得到了美國國泰基金和中國上市公司冠福股份的投資。如今，華夏信財已經是P2P行業的佼佼者。

　　我們談話的內容大致如下：

張化橋：你如何看待當下的P2P監管措施？

李　彬：相當長的一段時間裡，政府部門根本不想監管P2P。中央政府和地方政府還沒有搞清楚監管責任的歸屬，到底應該由哪個部門來管。畢竟，P2P是新興的行業，起初沒有看到甚麼壞的影響。但是，易租寶的驟然倒閉以及一些不靠譜的運營商的欺詐行為，引發了大量受騙民眾的抗議，最終迫使政府重視P2P行業。因此，政府是2015年底才突然意識到，P2P的規模已經如此龐大，監管部門不能再袖手旁觀了。

但是，要怎麼監管呢？經過這麼多年的默許甚至鼓勵，政府也不能突然板起臉，叫停P2P發展。畢竟，P2P公司掛著創新和創業的名頭，政府可

不希望影響創新和創業發展。當然，政府也擔心，叫停P2P會立即導致行情惡化，投資者紛紛撤離，太多的P2P公司破產，民眾損失會更大。因此，許多政府官員認為，妥善應對才能釋放P2P的積極能量。監管一個新行業，需要大量的專業知識和技術，而政府部門在2015年的時候還不具備條件。因此，政府保守的策略就是發布大量暫時性措施，來引導P2P公司。這種做法屬於道德勸誡，而不是硬性規定。兩年過去了，就監管而言，我們P2P行業還是老樣子：還是沒有甚麼硬性的監管措施。但是，大量有覺悟的公司進行了內部整頓，日益規範起來。如今，所有P2P公司都需要進行整改，才能到當地政府財政局完成備案。這個過程本身是很健康的。

張化橋：我們下一步要注意些甚麼呢？

李　彬：監管架構日漸清晰。首先，銀監會主導線上借貸業的監管，包括P2P。政府沒有選擇證監會，這讓我感到挺意外的。拿美國來說，負責監管的就是SEC（證券交易委員會）。其次，中國監管部門在這幾年已經進行了大量的諮詢，我相信很快就會出台一整套詳細的規章制度。這一整套規章制度包括註冊審查、IT系統、隱私保護、資金託管人配置、使用者篩選和爭議處理等。可以肯定的是，線上借貸的需求正在快速增長。但我認為，合規、運營和後勤等方面的成本也在不斷增加，對於小型公司來說這會成為巨大的負擔。我

有必要再次強調我以前的預測，一旦P2P行業開始整合，最終剩下的公司不會超過100家。未來幾年可能就會發生。

張化橋：你對百度、阿里巴巴和騰訊的借貸業務怎麼看？

李　彬：我看不出他們在借貸業有甚麼顯著的和可持續的優勢。使用者的社交媒體平台記錄和歷史交易記錄，和信用可靠程度的關聯性不強。只有把錢借給用戶，才能知道他會不會還錢。確實如此。

張化橋：你認為目前實行的登記程式甚麼時候會完成？

李　彬：我不知道。但我認為這就像頒發牌照一樣。合格的線上借貸公司最終會成為有限制牌照銀行。這對於守法合規的好公司是個好消息。


## 互聯網小額貸款牌照只屬裝飾？

2012年，全國各地政府頒發的小額貸款牌照為15000多張，達到歷史最高水準。可是很多公司拿到牌照後，還沒來得及正式開張，行業形勢就急轉直下了。幾乎每家公司都夢想最終能升級為當地村鎮銀行，但這種激情僅僅持續了一兩年。鋪天蓋地的壞賬粉碎了小額貸款行業的美夢。但是，並不是所有人都放棄了。一些小額貸款公司「鍥而不捨」，拒絕註銷壞賬。

兩年後，大家發現即使獲得了村鎮銀行牌照有怎麼樣？許多村鎮銀行也陷入了泥潭：壞賬和規模不經濟正在折磨他們。

2015年，整個小額貸款行業滑倒了一片低迷，死寂。然而，新希望又出現了：互聯網小額貸款公司牌照申請開始走熱了！這似乎成了大家的救命稻草。但不幸的是，又過了三年，

許多「升級」為互聯網小額貸款的公司並沒有在業務上獲得實質性的好轉。這些公司本來就不具備互聯網基因和小額貸款基因，其實業務仍然是老一套：大額抵押貸款。

網路小貸公司現在全國大約200家。好笑的是：大部分有牌照的公司並無互聯網基因，而那些業內金融科技的豪傑們基本上都沒有牌照，也無望拿到牌照。原因是……你知道的。只要你執行發牌制度，就必然出現目前的好笑狀態。為甚麼？因為這是咱們中國的特色。另外，目前咱們的網路小貸公司的監管制度是從十分荒唐的傳統小貸的監管制度演變而來。雖經演變，依然捆手捆腳，事實上是無法運營的，無法賺錢的(趣店例外)。某互聯網小貸公司的CEO私下裡說，這個牌照適合於裱一下，掛在牆上，以示訪客，但是不適合用來做業務。要做業務，還得通過信託通道，或者助貸方式，委貸，或者別的路子。

我和好友夏明就此進行了討論。他是江西省小額貸款行業協會的主席，該協會有200多家的公司成員。夏明早年在中國農業銀行工作。八年前，他辭去了國企工作，投身混亂的小額貸款行業。他的創業激情最終也被監管負擔、行業混亂和壞賬等消磨得差不多了。2011年到2012年，我多次拜訪夏明，希望和他聯合收購一組江西省的小額貸款公司，然後到香港上市。但是，監管障礙實在太多，我們最終不得不放棄。也有一些其他省份的小額貸款公司成功上市了，比如重慶的瀚華(3903.HK)和江蘇的匯融(1290.HK)，但他們的估值都很低，這要歸咎於公司壞賬、監管規定太嚴和不太靈活的商業模式。

以下是我最近和夏明討論的摘要。

張化橋：你對互聯網小額貸款公司怎麼看？

夏　明：全國大概有100多家這樣的公司。遺憾的是，大

多數做得好的線上借貸公司並沒有拿到牌照，我指的是那些技術過硬的好公司。趣店在江西省有兩家拿到牌照的公司，這是一個好跡象。但是還有更多有實力的公司沒有拿到牌照。政府應該允許百花齊放。

張化橋：是啊，這確實很諷刺。除少數例外，很多好公司拿不到牌照。難道不應該鼓勵兼併嗎？

夏　明：是的，當然要鼓勵。但是並購也有非常嚴格的規定。

張化橋：那麼，這個行業最有可能出現的監管格局是甚麼？

夏　明：目前，互聯網小額貸款公司的監管措施和傳統小額貸款公司的完全一樣。這很讓人慚愧。舉例來說，槓杆率不得超過 2x（重慶是 4x），而且要經常性上報。互聯網小貸公司的好處是可以向全國範圍的用戶放貸，不受地域限制。還有一個好處，如果從銀行那裡借不到足夠的錢，可以從股東那裡融資，還可以通過發行資產擔保證券的形式融資，ABS。

張化橋：看起來新的牌照對規模較大的線上借貸公司用處不大，因為他們的資金缺口太大了。為甚麼他們還是想盡辦法申請呢？

夏　明：前兩天，有人開玩笑地對我說，「在這種不確定的監管環境下，這些牌照是非常有用的門面裝飾。申請到手，掛在牆上，但根本用不著。事實上，根本沒法按照牌照規定的程式來操作，因為這些規定實在太僵化了」。這個玩笑可能有些過頭了，我們始終鼓勵持牌公司和監管部門、行業協會一起合作，找到適當的解決辦法。

# 13

次貸浪潮

# 次貸浪潮

　　相對於發達國家而言，中國住房市場的槓杆率很低，這已經是老生常談了。如果用來描述幾十年前甚至十年前的情況，都是完全準確的。但是，經過最近十年住房按揭和消費金融的迅速發展，上面的描述還準確嗎？韓國不是在 2003 年猛然發現國民早已一改勤儉節約的傳統，掉入了信用危機的泥潭？要知道，韓國從亞洲金融危機和國際貨幣基金組織的打救中走出來，才幾年的功夫。

　　台灣的消費文化和大陸類似，畢竟同宗同源。然而，2005年前後，台灣也遭受了信貸危機的重創，至今還沒有完全恢復。20世紀 90年代末期，台灣的信用卡還不普及。據台灣銀行資料，2000年發行的信用卡只有1800萬張。但是，經過銀行持續幾年的大力推行之後，2016年1月，使用中的信用卡已經超過4500萬張，而台灣總人口只有2300萬！據《華夏經緯網》報導，「居民債務激增導致銀行緊張、人們焦慮和普遍的社會問題。」如今，至少有60萬台灣人的債務還在持續累積，還清債務的可能性很小。這進一步加劇了台灣經濟的慢性衰退。

　　表13.1顯示，中國大陸的住房市場槓杆率仍然比較低，但是，消費信貸增長率已經非常快了，需要引起足夠的重視。據中國人民銀行統計，儘管沒有居民信貸的直接資料，但能找到

兩個相關的資料，分別是短期住房貸款和長期住房貸款，兩者均包括業主借的小額經營貸款（或者家庭成員擔保）。

鑒於大部分居民的消費都和家庭消費混在一起，我做了如下兩個假設：

**1.** 用短期居民貸款來代表消費貸款；

**2.** 用長期居民貸款來代表房地產按揭貸款。

採用這種方法，居民債務總量可能會有所誇大。但是，非官方市場的家庭債務（包括網貸市場）的數目比這部分誇大還要多。因此，兩項內容相抵消之後，綜合來看，表 13.1 實際上可能低估了家庭債務的總量。

表 13.1　中國居民貸款和抵押貸款（單位：十億元）

| 年份 | 2011 | 2014 | 2017（8 月） |
|---|---|---|---|
| 消費貸款（不包括按揭貸款） | 1,360.7 | 3,257.0 | 10,842.7 |
| 按揭貸款（包括小額企業貸款） | 9,226.7 | 1,5071.4 | 27,539.4 |
| 金融業總資產 | 69,796.5 | 108,570.2 | 172,056.4 |
| 消費貸款佔金融業總資產 % | 1.9 | 3.0 | 6.3 |
| 按揭貸款佔金融業總資產 % | 13.2 | 13.9 | 16.0 |
| 家庭債務佔金融業總資產 % | 15.2 | 16.9 | 22.3 |

資料來源：中國人民銀行

要拿上述結果直接和其他國家的居民債務水準作比較是有問題的，因為還需要考慮下列重要因素：

**1.** 不同國家定義上的差異；

**2.** 不同國家社保體系差異（退休金、失業保險和醫療保險等）；

**3.** 不同國家的利率和通脹水準；

**4.** 不同國家稅收政策的差異。

考慮上述因素的影響，我們把中國和美國按揭貸佔金融業總資產%進行比較：中國為16.0%，美國為29.6%，看起來中國的家庭債務水準不高，但還是需要非常小心警惕，原因有二：

**1.** 中國的銀行資產總量比美國大80%，反映了中國整體通貨膨脹和槓杆較高的現實。因此，中國整體的信貸膨脹使得居民槓杆率看起來較低。如果像我預計的那樣，未來幾年經濟增速持續放緩，而消費者債務的增速持續超過經濟總體增速，債務比率就會顯著提升；

**2.** 中國消費者債務主要集中於20多個大城市，因此，全國範圍內的平均水準或許還不足以引起重視，但大城市的居民債務水準已經拉響了警鐘，尤其是這些城市的低收入人群。中國的貧富懸殊遠遠大於美國。

美國確實有許多次貸借款人，但是，從中國次貸人數的膨脹來看，我感覺中國居民債務增長過快，應該引起高度重視。

表13.2　美國居民貸款（單位：十億美元）

| 年份 | 2011 | 2014 | 2017（7月） |
|---|---|---|---|
| 居民貸款 | 2,757 | 3,317.4 | 3,753.9 |
| 銀行貸款 | 9,663 | 10,883 | 12,676 |
| 居民貸佔銀行貸% | 28.5 | 30.5 | 29.6 |

資料來源：中國人民銀行

# 四十年的信貸膨脹：越膨脹，越不夠

除了兩年的例外，中國在過去四十年實施的只有兩種貨幣政策：擴張性和極度擴張性。例外是1995年到1996年間，由

於廣東和海南兩省出現惡性通貨膨脹和房地產泡沫，時任央行行長的朱鎔基立即收緊信貸，結果海南發展銀行很快就倒閉了。到目前為止，這大概是社會主義中國唯一的銀行倒閉事件，那些被拋棄的房地產項目的清算耗時十年之久，罪魁禍首當然是當年的信貸激增。

不幸的是，政策制定者從中吸取了錯誤的教訓。從那時起，中國人民銀行和財政部以保持金融穩定的名義，一直實行非常寬鬆的政策，刺激了全國範圍內一浪高過一浪的建設熱潮。過去二十年，中國貨幣供應量的複合增長率高達16%的水準。2017年5月，貨幣供應量的增速下調至9.6%，這是22年的時間裡第一次跌破兩位數。2017年8月，增速進一步下調至8.9%（與2016年同期相比）。許多觀察家都把這看作未來國家將收緊信貸的一個信號。然而，我只把它看作信貸快速擴張的持續。

與上年同期相比的增長率具有誤導性，因為它掩蓋了本來就非常高的基數。中國的國內生產總值比美國少40%，但貨幣供應量卻比美國多80%，而且還在以三倍的速度增長（9%對3%）。違背常理的是：信貸增速越快，對於信貸的新增需求就越多。也就是，高信貸會導致更高的信貸需求。媒體稱之為「信貸成癮」。但這並不準確，真相是：

**1.** 信貸增速過高持續多年，證明了信貸需求是被人為壓低的銀行利率推高的（扣除物價上漲因素，銀行利率甚至為負）。因此，最終貸款人（比如儲蓄者）一直在被迫補貼借錢的企業和人們。很多人產生了這樣的奇怪感覺：不多借就虧了！

**2.** 如果信貸增速過高，就會導致通貨膨脹。過去四十年，中國的通貨膨脹率一直很高，最近幾年才回檔至2-3%。然而，

資產價格（股票和房地產）的上漲已經失控，但是資產價格被排斥在通脹的定義之外。在通貨膨脹情況下，為了支援同樣體量的經濟活動，就需要更多的信貸。

## 中國如何避免了債務危機？

2013年，一些分析師預測私有化浪潮會席捲全國，而我是其中之一。這一預測的支點在於，政府債務已經達到了可怕的高點，無論是從全球範圍來看，還是從中國歷史角度來看。我們預測，債務問題將迫使地方政府出售一些國有資產。各地政府在此之前用7%以上的利率借了很多債務，大興土木，修建公路、橋樑、辦公大樓和運動場等，最後這些項目無法產生足夠的現金流，用來償還信託公司和其他貸款人的錢。

結果，我們這幫分析師都錯了。雖然2013年以來政府債務已經又翻了一倍，仍然沒有任何跡象，表明政府打算出售轄下的大量國有企業。事實上，政府仍然在國內外不斷增加國有資產配置。

究竟怎麼回事？經濟學無法告訴我們債務體量達到甚麼水準就過多了，也無法告訴我們不同的政治體制下哪些理論適用，哪些不適用。過去四十年，中國激進地推行了加劇通貨膨脹的財政政策和貨幣政策。而1949年國民黨倒台，其中一個重要因素就是當時國民黨非常激進的財政政策和貨幣政策。今天，中國的貨幣供應量基數已經很高了，而增速仍然高達平均每年9%-10%。非常奇怪的是，儘管通貨膨脹率居高不下，政府和民眾卻都固執地堅信合理的通貨膨脹率不僅必需，而且值

得。而要問甚麼是「合理的」通貨膨脹率，卻沒有人能給出準確的定義。

相反的，現在發達國家幾乎看不到一絲通脹，他們正在想辦法創造一點點通脹。理論上來說，持續的高通脹水準會導致人民幣貶值。但在過去二十年裡，人民幣一直是全球市場最堅挺的貨幣之一，而且還顯著抵消了前面二十年的貶值。這意味著兩件事情：在這段時間裡，其他主要國家的貨幣購買力也下降了，而且中國勞動生產率有了明顯提高。

經濟學家們一直在辯論一個問題：高通脹究竟是刺激了中國的經濟增長還是妨礙了增長？

## 央行的獨立性

幾十年來，中國的政策制定者一直熱衷於談論西方國家獨立的央行體系，儘管中國政府從來沒給央行一點獨立性。對政策制定者來說，央行的獨立性意味著管理「不方便」。

2008年次貸危機爆發後，美歐政府對即將倒閉的銀行的拯救，以及長達十年的量化寬鬆貨幣政策，加上美國國會有關政府債務上限的兩黨爭鬥，都讓中國官員感到央行缺乏獨立性也挺好。

有些中國官員大聲質疑西方貨幣政策，和財政政策的獨立性。很多人認為美歐央行的獨立性其實只是一種假象，或者只在和平時期有效。

2013年，地方政府的債務問題開始引起中央重視，中央很快就為地方政府開闢了兩條新的融資管道。一條是PPP，有效

地把政府債務轉移到了民營企業和未來的政府；另一條是允許地方政府在公開市場借錢。通過這兩條管道，即使是債務最重的地方政府也不需要變賣資產了。

本章部分內容基於我之前發表的兩篇文章：2017 年 7 月 14 日的《日經亞洲觀察》和 2017 年 7 月 27 日的《南華早報》。

14

收拾殘局

# 收拾殘局

2015年以來，網貸的繁榮極其壯觀。但再瘋狂的派對都有結束的時候，接下來就是打掃現場了。首先是上百萬被騙的投資者和借款人；其次是堆積成山的壞賬。

來看看一家中等規模的線上線下借貸公司，這裡不妨把它叫做大東公司。我們通過他們的主要產品，來看看他們是如何欺騙借款人的。在下面的案例中，貸款專案期限是18個月。

飯桌上，大東公司的CFO隨手找張紙寫下了公司對線下客戶的收費情況。

大東給一位線下借款人貸款180萬元，以該借款人的花店作為抵押，為期18個月。借款人借款的真實目的大家心照不宣（買房）。合同上寫明年利率40%，但要注意下面的計算：

**1.** 借款人要在18個月內以等額本金的方式償還貸款，也就是說，每個月要還10萬元本金。這對絕大部分人來說都是非常沉重的負擔；

**2.** 還要加上每月利息：180萬*40%/12=6萬元。

借款人每月的還款數目竟然高達16萬！

由於實際的借款額隨著償還逐漸減少，而每月都要支付全額貸款的利息，因此，這筆貸款的實際利率高得過分了。

無可否認，這是一個極端的案例。如此放貸，公司壞賬率

高達30%甚至瀕臨破產，也就不足為奇了。這麼高的貸款利率，基本上也只能吸引到資質非常差的借款人。公司的線上現金貸（金額小期限短暫）實際年化利率在300%以上：收取高利率來補救公司的高逾期率。他們給別人一樣，收取前端管理費、服務費，還有這樣那樣的罰金。

雖然監管部門、媒體和消費者保護協會不斷譴責過高的實際利率，中國在這一領域的自由度仍然居世界前列，可被稱為「狂野的東方」。36%的利率上限是由最高法院頒布的法規，但只有真正上了法庭，這條法規才會發揮作用。在現金貸行業，很少有人會選擇鬧上法庭。

在地方政府整頓網貸行業的過程中，大東財務公司可能會被勒令關停，但也可能留下來苟延殘喘。正如他們所說，「利率太高嗎？人人都是這樣幹的。」

在P2P和網貸行業，每年都有大量的散戶蒙受投資損失，有的「理財產品經理」捲錢跑路了，有的公司突然關門了。但是，除了到政府部門上訪或到信貸公司抗議，很少有人選擇走法律程式。因為大部分散戶的投資金額都很小，散戶們普遍停下來舔舔傷口，然後繼續往前走。大部分人會選擇繼續投資線上理財產品，可能是因為腐朽的股市和日常的受騙經歷已經麻痹了他們的神經。人性中的貪婪（以及跑輸通脹的恐懼）驅使他們肆無忌憚地投資。

## 爽歪歪的收債公司

幾乎所有的P2P和網貸公司內部都有「資產管理部門」或「資產保護單位」，而這不過是討賬部門的一個委婉說法。

對於那些逾期幾周的貸款，線上借貸公司一般會選擇發送短信或撥打電話的方式，提醒客戶還錢。但是，如果貸款逾期數月，公司就會把催繳的業務外包給專業的收債公司。

所謂的專業收債公司並不是指信達、東方、長城和華融，這四大金融資產管理公司只負責銀行的大額壞賬。近幾年，為了服務尚不完善的次貸行業，大量的小規模收債公司如雨後春筍般湧現，他們專注單筆平均貸款額為幾千到幾百萬的貸款，同時也會處理額度更大的公司貸款。

據估計，全國有3000多家登記在冊的收債公司，員工總數達30萬人。但是，目前的收債方式主要也就是不斷發送提醒短信和撥打客戶電話。對於那些小額逾期貸款來說，打電話催債的方式很不經濟。

有的收債公司開始給借款人的親戚朋友發送催繳短信。儘管這種方式引起了各方的激烈反抗，但確實比較奏效。

在國內「互聯網＋」的潮流影響下，某些機構（包括東方資產和招商銀行這樣的大機構）開始把少量壞賬放到阿里巴巴的淘寶上銷售。這種做法背後的思路可能是：大媽們也可以清理壞賬？無論如何，試試總是沒壞處的。

山東金融資產交易中心是一家國有交易市場，而我是他們的董事會成員。2016年，公司推出了壞賬的線上交易業務。2017年頭九個月，公司登記上市的逾期貸款就超過了200億元。

按照收債這一行的約定俗成的規矩，民間的機構和個人會層層分走蛋糕。這也算不上多麼嚴重的不公平，只要能證明自己的價值，就有權分成。但是，收債過程也因此變得不透明。山東金交所就致力於讓收債和債務處理過程變得比較透明，以避免貪污腐敗，並最大程度地保障債權人的利益。

山東金交所的某些逾期貸款在登記上市前，賣方和準買方之間就已經進行了事先協商。而公開上市的過程和強制的等待期能夠確保交易的合法性，並且給潛在競買者充分的時間準備。賣方也能履行相應的受託義務。而那些在上市前沒有吸引到買主的逾期貸款，在公開上市後也很難得到合適的報價。總體來說，山東金交所的成交率出奇地高，2017年竟然超過了80%。

遺憾的是，山東金交所目前還沒有找到線上借貸公司來銷售他們的不良資產包，很可能是因為P2P和網貸公司希望儘可能地保持低調，並且對於公開交易的效果持懷疑態度。

山東金交所是山東省政府幾年前設立的，2015年引入了一些外部投資者，包括瀚華金控（3903.HK）和中國信達資產管理公司。

小額貸款催收行業採用的收費模型，要麼是分成制，要麼是分成加固定費用。

這一行的名聲不太好，部分原因是電影裡總把收債人刻畫成舞刀弄槍的紋身大漢。這其實很不公平。沒錯，確實有少數收債公司會採用十分激進的方式，導致人身傷害；但是，絕大部分的收債公司採用的都是比較文明的方式。這些收債公司的員工與信貸員、會計以及建築工人沒甚麼兩樣。

除了專業的資料服務商（同盾和聚信力等），小額貸款收債行業最突出的公司要數大錘資產和資易通這類公共平台。而永雄和一諾銀華是規模最大的第三方收債公司。

隨著大量專業人才的進入，這一行的名聲也在漸漸好轉，畢竟有錢可賺啊。上海催米科技公司（第三方催債公司）創始人呂衛亭，是印第安那大學通訊專業的博士，曾就職於第一資本、麥肯錫。他除了採用傳統的電話催債方式，也嘗試用大資料來進行催債業務分析。

# 15

## 信而富的
## 溫和貪婪

# 信而富的溫和貪婪

作為信而富的董事，今年以來我多次提醒CEO王徵宇博士：「咱們的費率和利率大大低於市場水準。稍微提高一點，行嗎？」

王的回答寫進了2017年4月份上市的招股書裡：公司的戰略是Low and grow。公司通過非常小額的貸款（低至500元一筆）和比較低的費率和利率，挖掘從來沒有信貸紀錄的相對優質貸款人群，幫助他們建立信用歷史，並逐漸提高他們的單筆貸款額度和沾性，也實現公司的長週期價值。公司在近幾年確實虧損，但是從2018年起，將有不錯的盈利。

看到競爭者的巨額利潤和估值，我多少有些……嫉妒，也對管理層有過直率的批評。我的朋友們大都知道我的刀子嘴，所以王博士和其他高管也領教過了。十月底，我和美國的另外四個董事去上海開了兩天董事會，讓信而富的管理層及每個部門都做了詳細報告。我是服服貼貼飛回香港的。聽美國的董事們說，他們也很滿意。

信而富是一家商業機構，絕對無意批評任何同行。管理層當然知道競爭者們的高定價，也許別人是明智的，也許不是。但這只是一個商業策略的差別。即使別人恰如媒體所批評的：竭澤而漁，那也沒有甚麼錯誤。竭澤而漁絕非只在中國，也絕

非只在網貸行業。但是，長遠的眼光是信而富自願的選擇，而且管理層也不敢説，信而富的戰略就肯定比別人的更加優越。

半年來，我為了寫這本書，我訪談了二十多家同行企業，雖然我發現了業內的很多問題，但是我認為行業是基本健康的。

針對目前的爭論焦點，我特別想指出三點：

1. 網貸是個新生事物，萬象紛呈十分正常，出問題也很正常。政府和大眾應該保持開放心態，讓馬兒多跑一跑，千萬不要急於立法，定規。任何一個法規，一旦出籠，即使禍國殃民，千夫所指，也很難修正。我國政府近幾年來採取的「學習、觀察、等待、再等待」的監管策略，反映了一種非凡的，無為而治的智慧和藝術，值得世界各國仿效。幾十年來，政府在其它諸多領域，動輒牌照，動輒嚴打，動輒一刀切，後果不堪回首。咱們希望重蹈覆轍嗎？

我把央行、銀監會和地方政府金融辦公室的監管戰略歸納如下：充分的資訊披露，銀行存管，規勸，指引，加上打擊暴力催收和詐騙。在鼓勵創新和審慎監管之間掌握平衡。我為之點讚！

2. 大家要相信市場這隻無形的手。網貸行業似乎門檻低，其實不然。每年大量企業自動退出便是明證。消費者自有能力分辨好壞。有些評論員居高臨下，用大慈大悲和鄙視的眼光看待消費者大眾，認為「中國人民素質太低，沒有分辨能力，無法抗拒誘惑」。本人實在無法接受這種評論。精英治國論者和獨裁者説：「你們素質太低，別吭聲。讓我們打理吧」！

3. 網貸行業的高成本確實對低收入的人群十分殘酷。難道剝奪他們的自由選擇權就是仁慈嗎？中國貧富懸殊如此可怕

的原因，難道會因為咱們消滅網貸行業（或者把它打入地下）而減弱嗎？中國的股市屠殺了一批又一批人民，難道不是更可怕嗎？煙酒行業和遊戲行業不是更惡劣嗎？

網貸公司有兩種：P2P或網路小貸公司。P2P公司已經有網路金融服務的基本監管，由地方政府金融辦執行。目前行業比較健康，每年死亡幾百家，也有幾百家進入，以後還會整合。

網路小貸公司現在全國大約200家。好笑的是：大部分有牌照的公司並無互聯網基因，而那些業內金融科技的豪傑們基本上都沒有牌照，也無望拿到牌照。原因是……你知道的。

只要你執行發牌制度，就必然出現目前的好笑狀態。為甚麼？因為這是咱們的特色。而且，這些金融科技創業公司的高管已經忙得像狗一樣，不應該加大他們的工作量。

另外，目前咱們的網路小貸公司的監管制度是從十分荒唐的傳統小貸的監管制度演變而來的。雖經演變，依然捆手捆腳，事實上是無法運營的，無法賺錢的（趣店例外）。某互聯網小貸公司的CEO私下裡說，這個牌照適合於裱一下，掛在牆上，以示訪客，但是不適合用來做業務。要做業務，還得通過信託通道、或者助貸方式、委貸，或者別的路子。

目前中國現金貸行業確實存在「龍蛇混雜的亂象」。這是好事。只有在槍林彈雨中才能篩選出真正的英雄，才能把市場利率拉下來。

所有金融業務都要納入監管，但是不要再發牌照了。

# 16

 估值

# 估值

1. 銀行佔上風。在所有貸款機構中，銀行的估值應該最高。跟其他放款人相比，銀行更安全，公眾普遍也認同這一點。銀行的存款源源不斷，而存款利息又很低（甚至還有國家的隱性補貼：利率低於通脹），這正是銀行能夠立於不敗之地的奧秘。有人說，全世界的銀行都是合法的龐氏騙局。這說法某程度揭示了部分真相，因為銀行有時也會陷入負資產困境，只是我們從來不知道而已。而銀行甚麼時候回到正資產狀態，我們同樣無從知曉。無論如何，銀行比其他任何一種金融機構更經得起風吹雨打。作為社會基礎結構的一部分，銀行背靠貨幣發行的大樹。這可不是中國特色，美國和歐盟近幾年的所作所為都證實了這一點。2008年至2009年，美國幾家大銀行瀕臨倒閉，幾乎拖垮全球的金融體系；然而，他們在過去十年搖身一變，又成為了最大的贏家。

怎麼會有這樣的奇跡？完全是政府搭救的原因：2008年次貸危機發生以後，政府通過無限度的貸款給這些大銀行，讓他們起死回生。

2. 金融科技萬歲。中國的金融科技並沒有給銀行業造成困擾，恰恰相反，他們革新了次貸行業。創業者們把各種新技術和新名詞引入次貸領域，嘗試各種商業模式，促進了次貸行

業發展。結果如何？不僅自己大賺特賺（至少某些創業者做到了大賺特賺，這是他們應得的），而且也讓銀行更安全、更賺錢。為甚麼呢？金融科技吸納了幾乎所有的次級借款人，給銀行留下了優質的客戶、事業單位和擁有特權的國有企業。

3. 銀行同樣在學習在適應。中國的銀行正在回應金融科技的挑戰（至少他們口頭上是這樣說的），最終將成為更大的贏家。他們和金融科技創業者一同努力（儘管目前還有些心不甘情不願），和傳統次貸機構（如擔保公司、小貸公司和信託公司等）並肩作戰。如果你近距離觀察銀行和非銀行金融機構的合作關係，你就會對銀行的優勢了然於心。很多合同條款都已經決定了，在行情動盪的時候，受傷的總是非銀行金融機構、次貸機構。大浪淘沙，市場動盪已經淘汰了許多非銀行金融機構，而且還將淘汰更多。在最近兩次動盪中（20世紀90年代和2011年至2013年），中國的擔保公司、信託公司、投資公司和小額貸款公司傷亡慘重，客觀上幫助了銀行逃過劫難。

4. 天作之合。在所有銀行中，騰訊的微眾銀行有著明顯的優勢。基於騰訊龐大的使用者資料，微眾銀行可以借出大量的小額貸款。目前，微眾銀行規模還比較小，因為他們不是所有生意都願意做。但隨著時間推移，很多中小型銀行都會把貸款業務外包給微眾銀行這類機構。而像趣店和51信用卡這樣的線上借貸公司，由於沒有銀行牌照，目前還不如微眾銀行有影響力。但是，我認為趣店和51信用卡很可能在不遠的將來拿到有限制性的銀行牌照，或者收購一些小銀行。眼下，居高臨下的監管部門還不太願意把銀行牌照發給這些「出生草莽的行業英雄」。但是，隨著中小型銀行的整合以及金融科技的崛起，小銀行在經濟波動中越來越難存活，監管部門最終會意識到銀行

和金融科技的結合（或者說金融科技「英雄救銀行」），其實是天作之合。

5. 幾十年來，中國政府一直有意將存款利率保持在低的水準。這可以從貨幣基金和理財產品中找到鐵證。太低的銀行基準利率刺激了非銀行機構的發展，也大大補貼了那些能從銀行貸款的人。所有這一切都鼓勵了信貸的增長。但是，中國是如何在這樣的現實情況下避免銀行業危機的呢？個人認為全賴非銀行金融機構的奮不顧身，承擔了大量的高風險。他們自我犧牲，他們是銀行的排污管道。在誘惑的驅動下他們自己殘害自己。

6. 租賃公司、融資公司和保理公司依靠銀行的資金借錢。因此，這些公司的融資成本（進項）就是銀行的對外貸款利率（出項）。換句話說，這些公司在從事次貸或者準次貸業務。相比銀行來說，他們顯然處於不利地位，應該估值更低。

7. P2P公司的估值應該基於淨利潤，同時要考慮增速和客戶來源：公司是如何獲取客戶的？封閉的生態圈和開放式的競爭市場相比，哪種環境中欺詐更普遍？這是估值時要考慮的。

8. 資料公司的估值應該比銀行更高，但問題是他們的利潤絕對值一般都很小。收債公司應該按照市盈率估值，而且當它的業務達到一定的規模之後，可以給予一定的估值溢價。在可預見的未來，這些公司將保持比較高的增速。

9. 與信貸業務相關的軟件公司要比銀行還安全。但是，問題在於：有多少借貸公司會信任外部的資料分析模型和風控模型？行銷能力對第三方軟件公司至關重要。或許大部分軟件公司應該成為大型借貸公司的事業部？

10. 最適合做反向抵押貸款（房屋淨值貸款）和二手車貸的是銀行，因為銀行的融資成本低，而這兩項業務的收益率非常

高。但是銀行太官僚主義了，不想趟這灘渾水。最好的解決辦法是，銀行把繁瑣的調查和風控工作外包給PSD（貧窮、聰明而且特別想發財的人們）創建的公司，比如美利金融、微貸網和泛華金融等。這些公司通常在每一筆貸款中處於次等級地位，能夠有效保障銀行的利益。

11. 最後，所謂的資產交易平台都在宣揚這樣一種概念：他們不承擔信貸風險，甚至不承擔殘餘風險。他們僅僅出售其他人的理財產品，比如基金、資產擔保證券和債券等。換句話說，他們是金融資產的超市。但是，經過幾年的艱難運作，有經營者已意識到他們的收益不高，而且競爭越來越激烈。沒有擔保，沒有剛性兌付，中國的散戶很難對其產品建立很強的信心。在這場競爭中，許多資產交易公司，要麼已經闖入借貸業（如挖財和隨手記，融360），要麼正在蠢蠢欲動。令人羨慕的例外是螞蟻金融和東方財富（300059.SH）這樣的先行者，後者2017年9月的股票市值已經達到了公司2016年淨利潤的80倍。

後記

# 後記
## 金融科技的善與惡

在中國，過去四十年的信貸膨脹一直沒有停下來。這反映在兩個方面，居民消費價格指數上漲，以及資產價格膨脹（股價和房價）。

沒有人知道如何才能停止這種上漲趨勢，更不用說把上漲變為下降了。信貸膨脹和通貨膨脹，推波助瀾。今天這種情況仍然在持續，不知道這個過程以及金融體系何時會突然崩潰。

長期以來，政府對銀行存款利率的管制是這個鏈條的起點。扣除通脹之後的真實儲蓄利率經常為負數。這逼得老百姓不斷想辦法，做各種投資（包括買太多房和炒股票），力爭跑在通脹的前面。另一方面，銀行的貸款利率也太低。它對那些能夠獲得信貸的人們實際上有個補貼。它大大刺激了信貸需求的增長。

當然，這樣的政策有弊端也有益處，中國得以迅速從計劃經濟為主、農業經濟為主向市場化經濟轉軌。但是，這個過程十分痛苦，出現了大量的分配不均問題：儲戶補貼借款人、農村居民補貼城市居民、普通老百姓補貼富人等等。能否申請到大量的貸款（即無形的補貼）往往是發財的關鍵因素。

在這四十年中，通脹顯著地削弱了人民幣的購買力，雖然勞動生產率的大幅增長抵消了貨幣的部分貶值。

長期來看，人民幣貶值壓力可能會加大。但是，政府目前還在嚴控匯率。遺憾的是，這種嚴控本身也會導致社會不公：只有特權階層才有辦法抵消人民幣堅挺造成的損失（其實是以普通老百姓的損失為代價的）。

　　中國目前對網貸行業的監管是非常寬鬆的。但這並不是因為政府或公眾特別支持創新或鼓勵競爭。根本原因在於制度不完善和經驗不足，這是中國有別於西方國家的地方。

　　四十年前，中國才開始從落後的計劃經濟體制轉型，因此，並不具備良好的監管基礎。但這對於新興行業來說，卻是件好事。網貸行業在無監管的條件下得到了巨大的發展。

　　這是個百花齊放的時代。儘管網貸業的亂象造成了大量散戶和次貸借款人的損失，但也促進了行業的繁榮。

　　如果金融科技不能讓次貸業務變得更高效、安全和足夠便宜，它的存在將變得毫無意義。

　　長期以來，中國次貸業都在扮演著銀行業的排污管角色，在大量的結構化貸款專案中處於次級和劣後的地位。金融科技的存在將使銀行業變得更安全、更賺錢。

# 附錄
## 中國的次貸史

**1.** 一家銀行。直到1984年，中國只有一家銀行，即中國人民銀行。中國人民銀行負責所有的貸款，包括給國家機關和企業的貸款。壞賬問題均通過發行貨幣解決。

**2.** 1984年，政府把工商銀行從央行劃分出來，儘管實質上的分離過程在多年後才徹底完成。農業銀行也成了一家獨立的銀行，同時獨立的還有建設銀行（我曾於1982年在財政部和建設銀行實習）。建設銀行當時是國家財政部分配基建資金的出納。之後幾年，中國政府又陸續創造了交通銀行、招商銀行、中信銀行和光大銀行等。

**3.** 「三角債」和非法集資。1986年到1989年，我是中國人民銀行總行的一名主任科員，常常被派到各地調查「三角債」、民間借貸和非法集資問題，比如溫州和寧波。當年針對非法集資的處罰又快又狠。

**4.** 信託投資公司紛紛倒閉。20世紀80、90年代，由於銀行無權進行股權類投資，各地政府「曲線救國」，創立了不少信託投資公司。這些公司都屬於國企，他們膽大妄為，迅速的大量的倒閉是必然的事情。

**5.** 農村信用社系統性衰落。20世紀80、90年代，農村信用社遭遇了系統性危機，最後是央行和通脹拯救了他們。這些

信用合作社有銀行業務牌照，而且還有源源不斷的便宜存款，這才得以維持下來。正所謂水漲船高。最終，他們有些改善了生存能力，有些重新回到了倒閉的邊緣。當時的貸款普遍沒有抵押物，當然也很少有借款人擁有抵押物。許多借款人甚至沒有一點點資本金。如果穆罕默德·尤努斯（Muhammad Yunus）創建的孟加拉鄉村銀行出現大量壞帳，我並不會感到意外。被堆積如山的壞帳淹死，只是遲早的事。

6. 城市信用社同樣大規模衰敗。許多城市信用社是在20世紀80、90年代成立的，其中大部分表現良好，小部分很糟糕。我的弟弟就曾管理過一家城市信用社——湖北荊門市金蝦城市信用合作社，可惜它最後倒閉了。誰來接管這些儲戶的存款呢？國家指定了銀行來消化歷史問題。

7. 信用危機捲土重來。經歷了信託投資公司的幾次失敗後（尤其是廣東省震動香港股市的那次），政府在20世紀90年代末對倖存的信託投資公司進行了重組，整合為幾十家信託公司，去掉了名稱中的「投資」二字。但是，這些公司的投機活動並沒有因此而收斂，他們仍然是十分高槓杆的放貸公司，銷售理財產品，運作次級貸款（如明令禁止的土地購置貸款、為採礦業和基建提供融資等）。這些公司的槓杆率很高，但又不

具備銀行那樣源源不斷的便宜存款，更沒有央行印鈔機的安全網，因此經常站在風險的邊緣。正如這個行業內的人們常說的那樣，幾筆重要的貸款出問題，就足以讓一家信託公司遭受重創。

**8.** 擔保業的衰敗。幾十年來，擔保公司一直在為次貸借款人（中小企業）服務。他們是信用違約互換（CDS）的始作俑者，收取2-3%的低額費用，就為借款人的銀行貸款進行擔保。2008年，美國國際集團（AIG）曾因為信用違約互換問題瀕臨破產。而中國也有大量的擔保公司因為信用違約互換出問題而倒閉。

**9.** 小額貸款企業的大量倒閉。對政府來說，打擊非法集資就是一場攻堅戰。因此，從2005年到2008年，政府開始疏導：發放了上萬張小額貸款行業牌照，讓民間借貸合法化。但是，很多借款人從多個貸款公司借錢，繞開了這些小貸公司的資料模型和風控體系。遺憾的是，這些貸款公司並沒有共用資料，無法避免批量性的欺詐行為的發生。壞賬問題、過於激進的信貸策略和僵化的監管制度，一下子消滅了至少三分之一的小貸公司。

**10.** P2P來了。2012年，為了繞過小額貸款領域的各種障礙（過度監管、過重的賦稅和地理位置的限制），中國湧現出了大量的P2P公司，這些公司從小額貸款公司身上學到了重要的經驗：

（1）小額貸款比大額貸款安全；

（2）居民消費貸款比中小企業貸款安全；

（3）消費貸款比現金貸款安全。

但是，這些經驗教訓並不足以拯救P2P行業。不少P2P公司還是關門了，而大部分存活下來的也日漸衰退。只有幾十個P2P公司的業績表現良好。

**11.** 智慧手機和數據分析是拯救者。欺詐行為、自然違約和運營成本居高不下等，仍然困擾著P2P行業。這三、五年，每年都有幾百個P2P公司倒閉。自2015年以來，智慧手機和移動互聯網幫助借貸公司獲取了借款人的線上社交記錄，更好地瞭解潛在客戶的財務狀況。在處理逾期貸款時，有的借貸公司還可以通過借款人的社會關係向借款人施壓。同盾和百融等資料服務商也說明P2P公司提高了防欺詐能力。

**12.** 借貸服務的新領域。2014年到2015年，某些公司開始著手開拓信貸業的處女地，如二手車的車抵貸、美容貸款、健康相關的貸款、婚貸和假期貸等。幾年前，捷信集團就嘗試了手機消費貸款。佰仟和美利金融的加入，使得這項業務進一步向前發展了。如果客戶的手機貸款信用級別良好的話，就可以很容易借到現金貸款。

# 致謝

　　在我寫作本書的過程中，下面這些朋友給了我許多慷慨的指導和協助。感謝!

1. 李彬，上海華夏信財董事長和CEO
2. 杭州51信用卡的董事長孫海濤和CFO趙軻
3. 王峻，上海信而富首席戰略官
4. 支正春，北京閃銀董事長
5. 李英浩，北京明特量化CEO
6. 朱永敏，上海淺橙科技董事長
7. 嚴定貴，上海你我貸董事長
8. 袁春，景林資產管理合夥人
9. 夏明，江西省小額貸款行業協會主席
10. 翟彬，廣州泛華金融董事長
11. 劉雁南，北京美利金融CEO
12. 唐俠，深圳飛貸董事長
13. 杭州排列科技董事長夏真和合夥人陳薇
14. 何浩，香港招商證券董事總經理

15. 王鵬飛，杭州微貸網副總裁

16. 北京閃銀陳妍妍和吳YC

17. 呂衛亭，上海催米科技董事長

Glenn Griffith和Barbara Cao為我編輯了這本書，以及另外
兩本英文書 *Inside China's Shadow Banking: The Next Subprime
Crisis?*《影子銀行危局——中國的金融海嘯？》和 *Party Man,
Company Man: Is China's State Capitalism Doomed?*。Glenn還
是我在英國《金融時報》、《紐約時報》、《彭博新聞社》、《路透
社》、《日經亞洲評論》和《南華早報》等三十多篇論文的編輯。
我非常感激他。

Mastermind 14

# 擁抱次貸
## 金融科技
## 化解中國危局 Chasing Subprime Credit:
How China's Fintech Sector Is Thriving

| | |
|---|---|
| 作者 | 張化橋 |
| 翻譯 | 黎木白 |
| 責任編輯 | 呂雪玲 |
| 封面及書籍設計 | Marco Wong |
| 封面攝影 | Martin Yu |

| | |
|---|---|
| 出版 | 天窗出版社有限公司 Enrich Publishing Ltd.<br>九龍觀塘鴻圖道78號17樓A室 |
| 發行 | 天窗出版社有限公司 Enrich Publishing Ltd. |
| 電話 | (852) 2793 5678 |
| 傳真 | (852) 2793 5030 |
| 網址 | www.enrichculture.com |
| 電郵 | info@enrichculture.com |
| 出版日期 | 2017年12月初版 |

| | |
|---|---|
| 承印 | 長城印刷有限公司<br>香港柴灣豐業街10號業昌中心3字樓 |
| 紙品供應 | 興泰行洋紙有限公司 |

| | |
|---|---|
| 定價 | 港幣 $138　新台幣 $580 |
| 國際書號 | 978-988-8395-72-9 |
| 圖書分類 | (1)宏觀經濟　(2)財富管理 |

本書以真誠的態度撰寫，內容建基於事實及作者所認知的事實。
作者及出版社已盡力確保所刊載的資料正確無誤，惟資料祇供參考用途。
對於任何援引資料作出投資而引致的損失，作者及出版社概不負責。

支持環保 | 此書紙張以北歐再生林木纖維製造及
經無氯漂白，並採用環保油墨印制。